Stille Winkel an der Berliner Mauer

Stille Winkel an der

Berliner Mauer

Michael Bienert

Ellert & Richter Verlag

Inhalt

Der Wert der Städte bestimmt sich nach der Zahl der Orte, die in ihnen der Improvisation eingeräumt sind.
Siegfried Kracauer

155 Kilometer Grenze
Mauersplitter

Im Mauerpark hat der Alpinclub Berlin, eine Sektion des Deutschen Alpenvereins, zwei neue Betonmauern errichtet, höher und schöner als die alten, die früher die Bergsteiger in Ost- und Westberlin voneinander trennten. Gemeinsam bezwingen sie jetzt die 15 Meter hohe Schwedter Nordwand: So haben die Alpinisten ihre Kletterfelsen an der Schwedter Straße getauft. Wenn sie sich hochgehangelt haben, liegt ihnen im ehemaligen Todesstreifen ein großer Volkspark mit grünen Liegewiesen, Kinderspielplätzen und Streichelzoo zu Füßen.

Höher hinaus geht es mit dem Highflyer, der im Mauergarten an der Zimmerstraße abhebt. Sanft steigt der Heliumballon mit der aufgedruckten Weltkugel zu den Wolken empor. Der Wind will ihn über die wiedervereinigte Mitte der Stadt hinwegtragen, aber ein Stahlseil zieht den Ballon unerbittlich zum Startplatz

zurück. Unten stehen bunt angemalte Mauerteile als
Blickfang für die Touristen am Straßenrand. Trabant-
Kleinwagen mit Zebra- und Leopardenmuster warten
auf Passagiere. Knatternd starten sie zu Trabi-Safaris in
die DDR-Vergangenheit der Bundeshauptstadt.

Eine Straßenecke weiter, am ehemaligen Checkpoint Charlie, hat das Mauermuseum ein millimeter-
genau nachgebautes Grenzkontrollhäuschen mitten
auf die Friedrichstraße gestellt. Schauspieler in Uniformen der alliierten Streitkräfte posieren mit Touristen
fürs Erinnerungsfoto vor einer Sandsackbarriere.
Dafür kassieren die Darsteller einen Euro von jedem
Fotografierten. Auch nachgemachte Einreisevisa in die
DDR kann man sich stempeln lassen, Uniformmützen
und Mauersplitter kaufen. Das Geschäft blüht.

Das ehemalige Grenzgebiet zwischen Ost- und Westberlin ist der größte Erlebnispark der Hauptstadt.
Mittenmang steht das Brandenburger Tor als Haupt-
attraktion. In seinen Wachhäuschen saßen bis 1989
DDR-Grenzposten, heute befinden sich dort eine kom-
merzielle Touristeninformation und ein „Raum der
Stille" für erschöpfte Berlinbesucher. Zwischen Brandenburger Tor und Potsdamer Platz füllt das Stelenfeld
des Holocaust-Mahnmals, so groß wie zwei Fußballfel-
der, den ehemaligen Grenzstreifen auf ganzer Breite
aus. Nebenan werben die Vertretungen der Bundesländer für ihre Regionen, die Hessen haben sogar einen
kleinen Weinberg in den ehemaligen Todesstreifen an
der Friedrich-Ebert-Straße gepflanzt.

In der Stadtmitte sind auf dem Grenzstreifen Regie-
rungs- und Botschaftsgebäude, Hotels, Büros, Super-
märkte oder Wohnungen gebaut worden, weiter außer-

halb bestimmen Parks, Kinderbauernhöfe, Kornfelder,
wildes Brachland und Wälder das Bild. Ausflugsschiffe
tuckern über Stellen der Spree und der Havelseen, die
in die DDR-Grenzsicherung einbezogen waren. Ein
Badeschiff ankert an einer ehemaligen Kontrollstelle
im Osthafen, im Winter verwandelt es sich in ein Sau-
naparadies.

Ein weites Feld. Die Berliner Mauer, das war eben viel
mehr als nur eine Mauer. Ein mehrere Quadratkilometer
großer Geländestreifen um Westberlin diente zwischen
1961 und 1989 einzig dem Zweck, Fluchten aus dem kommunistischen Herrschaftsbereich zu verhindern. 43 Kilometer lang war die innerstädtische Grenze. Manchmal
lag nur eine Straße zwischen der sogenannten Vorderlandmauer, die man von Westberlin sah, und der Hinter-
landbegrenzung – mal ein Zaun, mal eine Mauer – nach
Ostberlin. Andernorts waren es mehrere hundert Meter.

Die äußere Stadtgrenze zwischen Westberlin und
Brandenburg war etwa 112 Kilometer lang. Sie wurde
bereits 1952 geschlossen. Auf dem insgesamt 155 Kilometer langen Grenzstreifen um Westberlin standen
302 Wachtürme, davon sind nur fünf in situ erhalten.
Da und dort funzeln noch die Laternen der alten Licht-
trassen, die den Grenzstreifen nachts beleuchteten.
Völlig verschwunden sind die elektrischen Signalzäune, die geharkten Sandstreifen zur Spurensiche-
rung, die Panzersperren und Hundelaufanlagen. Je
nach den örtlichen Gegebenheiten variierte der Aufbau des ausgeklügelten Sperrsystems, das mit den Jahren immer weiter perfektioniert wurde.

Einen Eindruck von den Dimensionen bekommt
man am ehesten beim Fahrradfahren auf dem für die

Grenztruppen rund um Westberlin angelegten Kolonnenweg. Er ist an vielen Stellen innerhalb der Stadt erhalten, am Außenrand sogar als asphaltierter Fahrradweg nahezu komplett restauriert.

Im Jahr 1990 wurde das gigantische Bauwerk um Westberlin nahezu vollständig abgerissen und zerschreddert. Forderungen nach einem Gesamtkonzept für den künftigen Umgang mit dem Mauerstreifen verhallten wirkungslos. Der Freiraum zerfiel in kleine Bereiche, in denen unterschiedliche Akteure ihren Wünschen und Interessen nachgingen: Hauptstadtplaner, Lokalpolitiker, Immobilienspekulanten, Kirchengemeinden, Aussteiger, Umweltschützer, Denkmalpfleger, Kleinunternehmer, Privatleute, Künstler... Entsprechend buntscheckig sieht Berlin entlang der ehemaligen Grenze aus.

Völlig uneinheitlich sind auch die Markierungen, Gedenkstätten, Denkmäler und Informationstafeln, die an die Teilung und ihre Opfer erinnern. Es besteht wahrlich kein Mangel, eher eine Überfülle an Informationsangeboten entlang der innerstädtischen Grenze. Erst 2006, also 17 Jahre nach der Maueröffnung verabschiedete der Senat ein Gesamtkonzept für den Umgang mit den Gedenkorten und Mauerresten. Der Schwerpunkt des Mauergedenkens soll künftig an der Bernauer Straße liegen. Die dort vorhandenen Gedenkstätten und Überbleibsel sollen so ergänzt werden, dass die Brutalität der Teilung fassbarer wird, vor allem für diejenigen, die sie nicht selbst erlebt haben.

Daneben gibt es immer neue lokale Initiativen, weitere Erinnerungsräume an der ehemaligen Grenze zu etablieren. So hat die Gemeinde Hennigsdorf im Nor-

den Berlins einen der wenigen erhaltenen Wachtürme
(im Ortsteil Nieder Neuendorf) zum Museum ausgebaut. Ein Bürgerverein sorgt dafür, dass der Kommandantenturm des ehemaligen Grenzkontrollpunkts
Drewitz für den Transitverkehr besichtigt werden
kann. Hinter der Glienicker Brücke nach Potsdam entsteht in der Villa Schöningen ein Museum auf der Basis
von Zeitzeugenberichten. Und das Bonner Haus der
Geschichte plant ein weiteres Museum im „Tränenpalast", in der früheren Grenzkontrollstelle am Bahnhof Friedrichstraße.

Ausstellungen, Informationstafeln, Bücher und Fil-
me zum Thema Mauer vertrauen meist auf die Aussa-
gekraft historischer Dokumente. Sie fokussieren den
Blick auf die schrecklichen Ereignisse entlang der verschwundenen Grenze. Didaktische und geschichtspäd-
agogische Angebote – von der Zeitzeugenführung bis
zum Audioguide – versuchen den Verlust an Original-
substanz der Grenzanlage auszugleichen. Seit ein paar
Jahren geht der Trend dahin, den Mauerstreifen nach-
träglich zu musealisieren. Doch inzwischen hat sich
die Stadt längst weiterentwickelt, besonders entlang
der Grenze. Der Mauerstreifen ist eben kein Freilicht-
museum, sondern ein lebendiger Teil der Stadt, in dem
sich Vergangenheit und Gegenwart auf eine ganz
besondere Weise verschränken.

Schon vor 1989 war die Grenze nicht nur etwas
Trennendes, Schreckliches, Lähmendes und Tödliches,
sondern forderte die Kreativität der Berliner in Ost und
West heraus. Sie gruben Tunnel unter der Mauer,
tricksten die Grenzwächter aus, straften die Staatsge-
walt mit Nichtachtung, versuchten trotz Einsperrung

ein selbstbestimmtes Leben zu leben oder pinkelten die Mauer an. Nach dem Abzug der Grenztruppen eroberten die Bürger den verbotenen Raum zurück. Der Mauerstreifen verlor schlagartig seinen trennenden Charakter. Seine Symbolik verkehrte sich: Die „Schandmauer" galt bis zur friedlichen Revolution von 1989 eindeutig als Armutszeugnis eines menschenverachtenden Regimes, seither werden ihre Reste weltweit als Denkmäler und Belegstücke dafür gehütet, dass solche Grenzen und Regime nicht ewig dauern.

„Nichts Schöneres für ein Kind, als da aufzuwachsen, wo die Welt zuende ist. Da gibt es nicht viel Verkehr, der Asphalt ist für die Rollschuhe da, und die Eltern müssen sich keine Gedanken um herumschweifende Bösewichter machen", schreibt die in Ostberlin aufgewachsene Autorin Jenny Erpenbeck in ihren Kindheitserinnerungen. Die Mauer schuf Zonen der Ruhe mitten in der Millionenstadt. Mancherorts ist 20 Jahre nach der Maueröffnung davon noch etwas zu spüren. Einige Ecken haben den Ruinencharme bewahrt, den der Mauerstreifen kurz nach der Grenzöffnung für Spaziergänger besaß. Zahlreiche Friedhöfe grenzten an die Mauer, zeigen noch Spuren der Verwüstung und laden zur Besinnung ein. Neue Orte des Gedenkens wie die Kapelle der Versöhnung an der Bernauer Straße erwarten Mauerpilger.

In der Stille ist es einfacher, die Spuren der ferneren und jüngeren Vergangenheit zu lesen. Schönes und Schreckliches liegen auf dem Mauerstreifen dicht beieinander. Es gibt wenig Spannenderes in Berlin, als da entlang zu spazieren, wo die Welt zu Ende war.

Grenzübergang Bornholmer Straße
Die Kirschen der Freiheit

Der frische Schnee dämpft alle Geräusche der Stadt. Mitten im Winter stehen die japanischen Kirschbäume wie in voller Blüte. Eine weiße Pracht aus Eiskristallen ist in der letzten Nacht an den kahlen Zweigen festgefroren. Auch die Straßenschilder tragen weiße Mützchen. Norwegerstraße, Finnländische Straße, Isländische Straße, an diesem Vormittag klingt das besonders passend. Glatt ist es, pass auf, dass du nicht ausrutschst.

Unter den Zweigen
der Kirschbäume in Blüte
ist keiner ein Fremder hier.

Schnee bedeckt den Haiku des japanischen Dichters Kobayashi Issa. Die Verse stehen auf einer Schrifttafel, die in einen Findling eingelassen ist, abgelegt am Rand der winterlich verzauberten Kirschbaumallee zwischen dem Bahndamm und der Laubenkolonie „Bornholm I". Die Stadt Berlin verdankt die Allee einem japanischen Fernsehsender, der seine Zuschauer bat, Kirschbäume als Zeichen der Freude über die deutsche Wiedervereinigung zu spenden.

An der Norwegerstraße läuft neben der Zierkirschenallee eine graue Mauer her, ein mit Graffiti beschmiertes und löchriges Relikt der ehemaligen Grenze zwischen Ost und West. Hinter dieser Mauer fuhren S-Bahn-Züge mit Ostberlinern in Höchstgeschwindigkeit vorbei. Ein kahler, nachts hell erleuchteter Geländestreifen und eine weiß gestrichene Betonmauer trennten die Gleiskurve von einem verfallenen Bahnhof, durch den S-Bahn-Züge mit Westberlinern rollten ohne anzuhalten. Ostpassagiere und Westpassagiere kamen sich bis auf wenige Meter nah, aber Umsteigen war unmöglich.

Manche haben es dennoch versucht. Am 13. Januar 1989, es wird ein ähnlich kalter Wintertag gewesen sein, wollte der Student Ingolf Diederichs den Sprung in den Westen wagen. Aus Kinderbettgittern hatte er sich eine Klappleiter gebastelt. Damit kletterte er am S-Bahnhof Pankow abends kurz nach Einbruch der Dunkelheit auf einen Zug in Richtung Schönhauser Allee. Am geschlossenen Bahnhof Bornholmer Straße sprang er ab. Aber der Zug schleifte ihn mit. Die DDR-Behörden vertuschten den gescheiterten Fluchtversuch. Die Eltern erfuhren lediglich, ihr Sohn sei beim Sturz aus einem fahrenden Zug ums Leben gekommen.

Am renovierten S-Bahnhof Bornholmer Straße steige ich mehrmals in der Woche ganz gefahrlos um. Oft ist das nicht einmal nötig, weil es wieder Weichen gibt, über die Züge direkt von Pankow – wo ich wohne – in den Wedding fahren, also vom ehemaligen Ost- in den Westteil. So wie vor dem 13. August 1961, dem Tag des Mauerbaus.

Eine mächtige Eisenbrücke spannt sich über die Gleise am S-Bahnhof Bornholmer Straße. Unablässig rollen Autos auf der Bornholmer Brücke von Ost nach West und von West nach Ost. Bornholmer Brücke? Die gibt es doch gar nicht auf dem Stadtplan. Ich kenne allerdings keinen Berliner, der sie bei ihrem amtlichen Namen nennt: Bösebrücke. Klingt nach böser Brücke. In Wahrheit ist sie eine herzensgute Berlinerin, Baujahr 1916. Mit eiserner Geduld hat sie ihre Arme ausgebreitet und die geteilten Hälften der Stadt zusammengehalten.

Im Winter 1977/78 muss es gewesen sein, als ich zum ersten Mal auf der Rückbank eines Autos über diese Brücke rollte. Nur im Schritttempo ging es vorwärts. Genau auf der Mitte der Brücke lagen spanische Reiter als Panzersperren. Unter halb aufgezogenen Schlagbäumen konnten Autos nur einzeln die Brücke passieren, beobachtet aus einem Wachturm am östlichen Brückenlager. Dahinter lagen die niedrigen Baracken des östlichen Grenzkontrollpunkts. Ich war 13 Jahre alt. Was hatte dieser einschüchternde Spuk der Erwachsenenwelt zu bedeuten? Unfreundliche Männer in schlecht sitzenden grauen Uniformen sammelten die Pässe ein. Sie fragten nach Westzeitungen, wühlten im Kofferraum, ließen uns Autoinsassen endlos warten, ehe wir unsere Papiere zurückbekamen. Den kalten Blick, mit dem sie unsere Physiognomie mit dem Passbild verglichen, vergesse ich nie.

Ein halbes Jahr zuvor war meine Mutter aus einer bundesdeutschen Provinzstadt nach Westberlin durchgebrannt. Mein künftiger Stiefvater war ein geborener Berliner. Der Mauerbau hatte seine Familie entzweigerissen. Die Brüder von Heinz lebten im Westen, die Mutter und die Schwestern hatten die alte Wohnung im Osten nicht rechtzeitig verlassen. Sie saßen seit dem Mauerbau in Weißensee fest und warteten Jahr um Jahr auf eine Genehmigung zur Ausreise.

Für Heinz gab es nur einen einzigen Grund, zurück in den Osten zu fahren: den Zusammenhalt der Familie. Er liebte seine alte Mutter sehr und wollte ihr seine künftige Frau und deren Sohn vorstellen. Nur deswegen mutete er sich und uns die Unannehmlichkeiten am Kontrollpunkt zu. Die ganze Atmosphäre dort stieß mich ab. So fühlte sich die Einreise in einen Staat an, der Besucher lieber fern gehalten hätte. Der schlechte Eindruck von Ostberlin verfestigte sich auf der Autofahrt nach Weißensee, sie führte an tristen Mietskasernen und grauen Neubaublocks vorbei. Die Verwandten von Heinz waren liebenswürdig, doch ihre Klagen über das Eingesperrtsein und die Unzufriedenheit mit dem Leben im Osten drückten die Stimmung.

Jedesmal flossen Tränen, wenn wir uns abends wieder in den Westen verabschiedeten. Die Trostlosigkeit dieser Erfahrung beherrschte viele Jahre lang mein Bild vom Leben jenseits der Mauer. Seltene Besuche auf eigene Faust in der Studienzeit änderten wenig daran. Ostberlin blieb fremd, bedrückend, uninteressant. Wie einseitig dieser Blick war, lernte ich erst nach der Öffnung der Grenze von neuen Freunden, die seither frei über ihr Leben in der DDR sprechen konnten.

An der Bornholmer Straße brach am 9. November 1989 der Damm. Zehntausende legten am Abend den Verkehr auf der Ostseite des Grenzübergangs lahm und skandierten „Tor auf!". Gegen 19 Uhr hatte das Politbüromitglied Günter Schabowski auf einer Pressekonferenz eine geschraubte Erklärung verlesen, wonach Reisen in den Westen künftig für jedermann möglich sein sollten. Unklar blieb, wie genau die Neuregelungen für die ständige Ausreise und für Besuchsreisen formuliert waren.

Um 20 Uhr meldete die ARD-Tagesschau: „DDR öffnet Grenze!" Daraufhin strömten die Berliner in Ost und West zu den Übergängen, aber nichts geschah, weil die Grenztruppen und Passkontrolleure keinerlei höhere Weisung zur Grenzöffnung hatten. Im Staatsapparat der DDR herrschte zu diesem Zeitpunkt blankes Chaos. Schabowskis Ankündigung und die Nachrichten der Westmedien lösten eine Menschenlawine aus, die nicht mehr aufzuhalten war.

Oberstleutnant Harald Jäger, an diesem Abend diensthabender Chef am Kontrollpunkt Bornholmer Straße, begriff rechtzeitig, dass seine Mannschaft mit vier Maschinenpistolen und 120 Schuss Munition nichts gegen die unübersehbare Menschenmenge ausrichten konnte. Um ein Blutbad zu verhindern, befahl er gegen 23 Uhr, die Schlagbäume für alle zu öffnen, die über die Brücke in den Westen wollten.

„Berlin wird leben und die Mauer wird fallen", hatte Willy Brandt im Sommer 1989 vorhergesagt. Er war Regierender Bürgermeister in Westberlin gewesen, als die Mauer errichtet wurde. Sein Satz steht auf einer Bronzetafel am Straßenrand östlich der Bornholmer

Brücke. Auf dem Gelände des ehemaligen Grenzkontrollpunkts fällt sie kaum ins Auge. Alle Baracken sind abgerissen. Unter einer glatten Schneedecke wirkt die weite Fläche zwischen Finnländischer, Malmöer und Norwegerstraße wie ein unbeschriebenes Blatt. Neben den breiten Fahrbahnen für den vorbeibrausenden Ost-West-Verkehr, die über das Kontrollpunktgelände gelegt wurden, sind im Boden rissige Asphaltspuren zu erkennen. Darauf stand unser Auto einst bei der Einreise in der Warteschlange. Man braucht einen archäologisch geschärften Blick, um solche Spuren zu lesen.

Eine teils berankte, teils mit Graffiti beschmierte Betonmauer schützt die tiefer liegenden Laubenkolonien vor dem Lärm der zur Bornholmer Brücke durchstartenden Autos. Erst auf den zweiten Blick bemerkt man, dass dieses lange Mauerstück ein Teil der „Hinterlandsicherung" am Kontrollpunkt war. Die 1896 gegründeten Laubenkolonien „Bornholm I" und „Bornholm II" unterhalb der Mauer sind heute wieder ganz normale Kleingartenanlagen. In DDR-Zeiten galten wegen der Grenznähe sehr strenge Verhaltensvorschriften. Um Fluchtversuche zu unterbinden, mussten Leitern nachts immer weggeschlossen oder angekettet sein.

Kleingärten gedeihen auch westlich der Bornholmer Brücke. Auf beiden Seiten der Grenzanlagen suchten Berliner unverdrossen das Laubenpieperglück. Weder der Mauerbau noch der Mauerfall konnten daran etwas ändern. Ein einig Volk von Hobbygärtnern protestiert hier seit hundert Jahren mit Spaten, Rechen und Gartenschere gegen alle Zumutungen der großen Politik.

Notaufnahmelager Marienfelde
Flucht und Verrat

Die Freiheit fühlt sich eng an. Ein karger Raum mit eisernen Doppelstockbetten, darauf braune Wolldecken. Schrank, Tisch und Holzstühle. Kaum Platz, den Koffer mit den Habseligkeiten auf dem braunen Laminatboden abzustellen. Aber wenigstens keine Gitterstäbe vor dem großen Fenster. Auf der anderen Flurseite gibt es eine winzige Küche mit zwei Kochplatten und einem Bad für mehrere Familien oder Zimmergemeinschaften. Alles ist nüchtern, zweckmäßig und sparsam gebaut. Hauptsache, erst mal ein Dach über dem Kopf.

Die Zimmer im Museumstrakt des Notaufnahmelagers sind wie in den Fünfzigern hergerichtet, als die Siedlung mit dreigeschossigen Wohnblocks für DDR-Flüchtlinge erbaut wurde. Damals bildeten sich am Eingang jeden Tag lange Warteschlangen, alle Wohnräume waren überfüllt. Drei Millionen DDR-Bürger kehrten ihrem Staat bis zum Mauerbau im August 1961 den Rücken. Bereits im Mai 1952 begann die DDR-Führung damit, die Grenzen zur Bundesrepublik und zwischen Brandenburg und Westberlin abzuriegeln. Zwei Jahre später wurde „Republikflucht" per Gesetz unter Strafe gestellt. Ein Schlupfloch für Fluchtwillige blieb die Sektorengrenze innerhalb Berlins, das unter der gemeinsamen Verwaltung der vier Siegermächte des Zweiten Weltkriegs stand.

Schon vor dem Mauerbau gab es Straßensperren und Kontrollen an den Grenzen zwischen den Sektoren der Westalliierten und dem russischen Sektor. S- und U-Bahnen verkehrten jedoch wie gewohnt in der ganzen Stadt. Mehr als 50 000 Grenzgänger aus dem Osten gingen täglich im Westen arbeiten. Man fuhr über die Sektorengrenze, um einzukaufen oder Verwandte zu besuchen. Nur wer sich durch allzu großes Gepäck verdächtig machte, lief Gefahr, an einem der 80 Straßenübergänge gefilzt zu werden.

Für die Behörden in den Westsektoren stellten die vielen Flüchtlinge aus dem Osten ein großes Problem dar. Notdürftig hausten sie in Kriegsbunkern und anderen Behelfsquartieren. Um Abhilfe zu schaffen, wurde das Notaufnahmelager Marienfelde gebaut und am 14. April 1953 von Bundespräsident Theodor Heuss eingeweiht.

Die Fluchtwelle aus der DDR erreichte im Sommer 1961 einen Höhepunkt. Allein im Juli stellten 30 415 DDR-Bürger einen Antrag auf Aufnahme im Westen. Nach der Abriegelung der Sektorengrenze im August sank die Zahl der Flüchtlinge stark. Im Dezember stellten nur noch 2420 Flüchtlinge einen Notaufnahmeantrag. Der Mauerbau erfüllte seinen Zweck, den Flüchtlingsstrom zu stoppen und die Wirtschaft zu stabilisieren: Vor allem die Abwanderung von gut ausgebildeten Fachkräften bedrohte den sozialistischen Staat in seiner Existenz.

Von den insgesamt vier Millionen, die bis 1990 der DDR den Rücken kehrten, sei es aus politischen, wirtschaftlichen oder privaten Motiven, lebte jeder Dritte vorübergehend im Notaufnahmelager Marienfelde; auch Aussiedler aus Polen, Rumänien, Russland, Kasachstan oder der Ukraine wurden seit 1964 aufgenommen. Ehemalige Mitarbeiter, Flüchtlinge und Wissenschaftler gründeten 1993 einen Verein, der sich dafür einsetzte, eine Erinnerungsstätte einzurichten. Das Haupthaus des Notaufnahmelagers, in dem früher die Flüchtlinge auf die Abwicklung ihres Aufnahmeverfahrens warteten und die Mühlen der Bürokratie mahlten, ist jetzt Museum. Eine sehr gelungene Ausstellung führt zurück in die deutsch-deutsche Vergangenheit: Man liest die Abschiedsbriefe von Ärzten oder Lehrern, die den politischen Druck und die Gängelung in der DDR nicht länger ertrugen, hört Zeitzeugeninterviews und erlebt nach, wie es den Ankömmlingen im Westen erging. Nicht jeder war willkommen. Vor allem in den ersten Jahren nach der Gründung beider deutscher Staaten gab es eine hohe Ablehnungsquote, weil die Behörden es vermeiden wollten, Wirtschaftsflüchtlinge in den Westen zu locken. Wer keine politischen Motive glaubhaft machen konnte, durfte zwar im Westen bleiben, bekam aber keine Unterstützung bei der Wohnungs- und Arbeitssuche. Das änderte sich mit dem Wirtschaftswunder in der Bundesrepublik ab

Mitte der 1950er Jahre. Gut ausgebildete Arbeitskräfte, auch Auszubildende aus der DDR waren gefragt, fast jeder erhielt nun eine Aufenthaltserlaubnis für das Bundesgebiet.

Zwölf Türen muss der Ausstellungsbesucher öffnen, um sich mit den zwölf vorgeschriebenen Stationen des Notaufnahmeverfahrens zu konfrontieren. Jeder Ankömmling wurde medizinisch untersucht und geröntgt, musste eine Befragung durch Geheimdienstmitarbeiter der Westalliierten und einen Aufnahmeausschuss überstehen, wurde bestimmten Personengruppen und zuletzt einem Bundesland als Aufenthaltsort zugeordnet. Manche Flüchtlinge zog es desillusioniert schon bald wieder zurück in die DDR. Aus persönlichen oder politischen Motiven beantragten bis 1968 rund 600 000 Deutsche aus der Bundesrepublik die Aufnahme in der DDR. Für sie gab es ebenfalls Auffanglager.

Die Siedlung in Marienfelde umgibt ein Zaun, für die Bewohner wurden Heimausweise ausgestellt, Betreten ohne Erlaubnis und Fotografieren waren verboten. Die Flüchtlinge waren in den Augen der DDR-Justiz Staatsfeinde und Rechtsbrecher. Im Westen sollten sie vor Agenten der Staatssicherheit geschützt werden. Dem DDR-Geheimdienst gelang es dennoch, einen Spitzel ins Notaufnahmelager einzuschleusen. Götz Schlicht arbeitete dort von 1957 bis 1969 als Rechtsberater für Flüchtlinge. Diese offenbarten Fluchtpläne von Freunden oder Angehörigen, die der Spitzel nach Ostberlin meldete. Niemand schöpfte Verdacht, der Mann wurde sogar im Westen mit dem Bundesverdienstkreuz ausgezeichnet. Erst nach der Öffnung der

Stasi-Akten gelang Ende 1992 seine Enttarnung. Wegen eines medizinischen Gutachtens, das ihm Verhandlungsunfähigkeit attestierte, kam es jedoch nie zu einem Gerichtsprozess.

Weil immer weniger Spätaussiedler aus dem einstigen Ostblock nach Berlin kamen, beschloss der Senat, das Aufnahmelager zum Jahresende 2008 endgültig zu schließen. Hinter der Einzäunung liegen nun menschenleere Straßen zwischen verlassenen Wohnblöcken. An ihrer Architektur hat sich in dem halben Jahrhundert seit der Eröffnung des Lagers wenig verändert. Die geräumte Anlage ist noch nicht überformt wie der ehemalige Grenzstreifen zwischen Ost und West. Im abgelegenen Marienfelde spürt man, was die deutsche Teilung für die Menschen bedeutete, als sei sie dort eben erst zu Ende.

Bundesministerium der Finanzen
Unterwegs nach Utopia

Der Flüchtlingsstrom aus der DDR steht im Mittelpunkt der internationalen Pressekonferenz, zu der Partei- und Staatschef Walter Ulbricht am 15. Juni 1961 eingeladen hat. Wieder einmal fordert er die Auflösung aller Notaufnahmelager in Westberlin, außerdem Kontrollen des Flugverkehrs in die Bundesrepublik durch DDR-Behörden. Dann könnten Flüchtlinge nicht mehr in die Bundesrepublik ausgeflogen werden: das Schlupfloch Westberlin wäre verstopft. Ulbrichts Forderungen sind längst bekannt, gelangweilt verlassen die ersten Journalisten nach einer Stunde den Saal. Als gefragt werden darf, hakt eine Korrespondentin nach. Sie will wissen, ob Ulbricht plant, am Brandenburger Tor eine Grenze nach dem Vorbild der bereits hermetisch abgezäunten Staatsgrenze zur Bundesrepublik zu errichten. Darauf Ulbricht: „Ich verstehe Ihre Frage so, dass es Menschen in Westdeutschland gibt, die wünschen, dass wir die Bauarbeiter der Hauptstadt der DDR mobilisieren, um eine Mauer aufzurichten, ja? Mir ist nicht bekannt, dass solche Absicht besteht, da sich die Bauarbeiter in der Hauptstadt hauptsächlich mit Wohnungsbau beschäftigen und ihre Arbeitskraft voll eingesetzt wird. Niemand hat die Absicht, eine Mauer zu errichten".

Ulbricht lügt. Seit Jahren drängt er seine Verbündeten in der Sowjetunion, ihm die totale Schließung der Grenze nach Westberlin zu erlauben. Die DDR-Wirtschaft steht vor dem Kollaps, wenn die Leute weiter in Scharen davonlaufen. Zwei Wochen nach der Pressekonferenz gibt Kremlchef Nikita Chruschtschow grünes Licht. Eine vom aufstrebenden Politbüro-Mitglied Erich Honecker angeführte Arbeitsgruppe bereitet die Aktion heimlich vor. Am 12. August 1961 beschließt der Ministerrat „eine verlässliche Bewachung und eine wirksame Kontrolle" an der Grenze, abends gibt Ulbricht den Marschbefehl. Volks- und Grenzpolizisten, Angehörige von Betriebskampfgruppen und der Nationalen Volksarmee setzen sich in Bewegung.

Der S- und U-Bahnverkehr zwischen Ost und West wird unterbrochen. Die Absperrung auf den Straßen besteht zunächst aus Postenketten und Stacheldraht, in der Nacht vom 17. zum 18. August 1961 fangen Bautrupps an, eine erste Mauer aus Hohlblocksteinen zu errichten. Am 20. September beginnt die Zwangsräumung aller Wohnungen an der Grenze, die Fluchtmöglichkeiten bieten. Türen und Fenster nach Westberlin werden zugemauert. Während die ganze westliche Welt von „der Mauer", „the Wall", „la Mur" spricht, ist

Ulbrichts Wortschöpfung in der DDR tabu. Zunächst ist verschleiernd nur von „Sicherungsmaßnahmen" die Rede, ab 1962 offiziell vom „antifaschistischen Schutzwall" gegen die bösen Aggressoren aus dem Westen.

Das Gebäude, in dem Ulbricht seine berühmte Pressekonferenz gab, ist heute Amtssitz des Bundesfinanzministers. Es hat 2100 Zimmer, 17 Treppenhäuser, fast 7 Kilometer Flure – wie soll in diesem kafkaesken Bau ein Mensch den Überblick über die Staatsfinanzen behalten? Die Nazis errichteten den riesigen Stein- und Stahlbetonklotz zwischen Leipziger, Wilhelm- und Niederkirchnerstraße als Reichsluftfahrtministerium. An seiner Spitze stand Hermann Göring, sein Ziel war der Aufbau einer schlagkräftigen Luftwaffe für den kommenden Weltkrieg. Nach der Niederlage nutzte die sowjetische Militäradministration das Riesengebäude als Zentralverwaltung für Ostdeutschland. Im großen Festsaal wurde am 7. Oktober 1949 die DDR gegründet. Bis 1990 hieß der Komplex Haus der Ministerien, dann zog vorübergehend die Treuhandanstalt ein, die das DDR-Volksvermögen privatisierte. In seinem Roman „Ein weites Feld" hat ihr Günter Grass ein literarisches Denkmal gesetzt, die schrullige Hauptfigur Fonty arbeitet in dem Gebäude, als die Mauer fällt und die DDR untergeht. Seit 1992 heißt es offiziell Detlev-Rohwedder-Haus nach dem ersten Treuhandchef, der durch ein RAF-Attentat ums Leben kam.

Wie sich die DDR-Führung die sozialistische Gesellschaft wünschte, zeigt ein 24 Meter breites Wandbild auf Meissner Porzellanfliesen in der Pfeilerhalle an der Leipziger, Ecke Wilhelmstraße. Fröhliche junge Arbei-

ter und Mädels in blauen Blusen steuern in einem
Demonstrationszug auf den Betrachter zu. Eine Bäue-
rin schäkert mit einem Traktoristen. Daneben werden
Schienen verlegt. Eisen glüht im Hochofen. Vor einer
Baustelle in der Bildmitte reichen sich ein Maurer und
ein Intelligenzler die Hand, ein Bauer eilt herbei, um
einzuschlagen. Der aus dem französischen Exil nach
Ostberlin zurückgekehrte Künstler Max Lingner hat
das Panorama einer Gesellschaft ohne Verlierer entworfen. Es war eine Auftragsarbeit der DDR-Regierung
zum Thema „Die Bedeutung des Friedens für die kultu-
relle Entwicklung der Menschheit und die Notwendig-
keit des kämpferischen Einsatzes für ihn".

Am 3. Januar 1953 wurde das Bild am zentralen
Regierungsgebäude der DDR eingeweiht. In den folgenden Monaten mündete der von Walter Ulbricht propagierte „planmäßige Aufbau des Sozialismus" in eine
schwere Wirtschaftskrise mit Versorgungsengpässen.
Als Gegenmaßnahme erhöhte die Regierung die
Arbeitsnormen für die Beschäftigten. Am 16. Juni 1953
formierte sich ein spontaner Demonstrationszug
empörter Arbeiter auf den Baustellen der Stalinallee
(der heutigen Karl-Marx-Allee) und zog durch die
Innenstadt bis vor das Haus der Ministerien. Mehrere
tausend Menschen forderten die Rücknahme der Nor-
menerhöhung und freie Wahlen. Walter Ulbricht ließ
sich nicht blicken. Die Kundgebung war der Zündfun-
ke für den Volksaufstand in der ganzen DDR am folgenden Tag, dem 17. Juni, den sowjetische Panzer nieder-
walzten.

In das Pflaster vor der Pfeilerhalle ist ein Gegenbild
zu den glücklichen Arbeitern und Bauern auf dem

Wandbild eingelassen. Das in Glas geätzte Bodendenkmal des Künstlers Wolfgang Rüppel basiert auf einem Schwarz-Weiß-Foto der Demonstranten vor dem Haus der Ministerien. Mit dem am 16. Juni 2000 eingeweihten Denkmal waren die noch lebenden Veteranen des Aufstands nicht glücklich. Von der Straße ist das Riesenfoto kaum sichtbar. Der Sinn der schattenhaften Figuren auf dem Vorplatz erschließt sich erst in der Zusammenschau mit dem Staatskunstwerk in der Pfeilerhalle. Es ist kein Denkmal des Aufbegehrens, das für sich steht und die Blicke auf sich zieht.

Im Haus der Ministerien fühlte sich die Führung der DDR-Regierung spätestens seit dem Juni 1953 nicht mehr sicher. Wenn an der Leipziger und Wilhelmstraße Demonstranten den Verkehr lahm legten, saß der Ministerrat in der Falle. Im Rücken lauerte – aus seiner Perspektive – der Klassenfeind. An der Niederkirchnerstraße im Süden begann der amerikanische Sektor, am Potsdamer Platz im Westen der britische Sektor. Das Haus der Ministerien stieß nach dem Mauerbau direkt an den unbetretbaren Todesstreifen zwischen Ost und West, zu dem die schmale Niederkirchnerstraße umgestaltet wurde. Das ohnehin stark gesicherte Regierungsgebäude wurde zu einem Teil der Hinterlandsicherung, die Ostberliner vom Todesstreifen fern hielt.

Wegen dieser ungünstigen Lage an der Grenze wanderten die wichtigeren Teile des DDR-Staatsapparats in Richtung Innenstadt ab. Der Ministerrat zog ins Stadthaus am Molkenmarkt, für den Staatsrat und das Außenministerium wurde am Marx-Engels-Platz, heute wieder Schlossplatz, neu gebaut. Seit 1959 befand sich im ehemaligen Reichsbankgebäude am Werder-schen Markt – heute Auswärtiges Amt – die Partei-zentrale der SED. Das Politbüro war das eigentliche Machtzentrum in der DDR. Als es am 8. November 1989 unter dem Druck von Massenprotesten der unzufriede-nen Bevölkerung geschlossen zurücktrat, gab es keine handlungsfähige Regierung mehr und der Weg war frei für die Maueröffnung am folgenden Tag.

Niederkirchnerstraße
Mauerreste und Markierungen

Käthe Niederkirchner war eine tollkühne Kommunis-
tin. Mit dem Fallschirm sprang sie am 7. Oktober 1943
aus einem sowjetischen Flugzeug über dem von deutschen Truppen besetzten Polen ab, um im Unter-
grund gegen Hitler zu kämpfen. Auf dem Weg zu
Genossen in Berlin wurde sie verhaftet und im Konzentrationslager Ravensbrück ermordet. Die Pflege
der Erinnerung an solche Schicksale hatte in der DDR
eine staatstragende Funktion: Mit dem Aufbau des
Sozialismus sollte der letzte Wille der kommunistischen Märtyrer in Erfüllung gehen. 1951 benannte
der Ostberliner Magistrat die Prinz-Albrecht-Straße
an der Grenze zum amerikanischen Sektor in Niederkirchnerstraße um. Zehn Jahre später verschwand sie
mit dem Mauerbau aus dem zugänglichen Straßen-
netz.

Ideologisch war das ein unhaltbarer Zustand, daher erhielt 1974 eine weitere Straße in Prenzlauer Berg den Namen Käthe-Niederkirchner-Straße. Überraschenderweise ist keine der beiden Straßen nach der Wiedervereinigung rück- oder umbenannt worden. Der Senat sieht keine Verwechslungsgefahr und die beiden zuständigen Bezirksämter verfolgen das Ziel, die niedrige Frauenquote bei den Straßennamen zu erhöhen. Vorerst bleibt es bei der doppelten Ehrung, die zugleich eine Spur der Teilung ist.

Mit der Umbenennung der Prinz-Albrecht-Straße in Niederkirchnerstraße in den Fünfzigern waren Ost- und Westberlin eine lästige Erinnerung los. Prinz-Albrecht-Straße 8, das war die Adresse der Gestapo, seit 1939 des Reichssicherheitshauptamts. Es organisierte die Bekämpfung des politischen Widerstands, aber auch die Judenverfolgung in ganz Europa. Im Hausgefängnis der Gestapo wurden Regimegegner verhört und brutal gefoltert.

Harro Schulze-Boysen war Oberleutnant im Reichsluftfahrtministerium auf der anderen Straßenseite, mit Freunden von der Widerstandsgruppe „Rote Kapelle" verriet er Angriffspläne der Wehrmacht an die Sowjetunion. 1942 flog die Gruppe auf. Die Gestapo verschleppte Harro Schulze-Boysen in die Prinz-Albrecht-Straße 8 und quälte ihn dort bis zur Hinrichtung. In der Strafanstalt Plötzensee wurden die Hauptverschwörer auf Geheiß Hitlers an Fleischerhaken gehängt. Zwischen Dielen des zerbombten Gestapo-Gefängnisses spürten überlebende Mithäftlinge nach dem Zweiten Weltkrieg einen Zettel mit einer letzten Botschaft Schulze-Boysens auf:

Wenn wir auch sterben sollen,
So wissen wir: Die Saat
Geht auf. Wenn Köpfe rollen, dann
Zwingt doch der Geist den Staat

Die Verse wurden 1996 anlässlich des 60. Hochzeitstags von Harro Schulze-Boysen und seiner ebenfalls hingerichteten Frau Libertas an einer langen Wand angebracht, die das Bundesfinanzministerium gegen die Niederkirchnerstraße abschirmt. Ungefähr an der Mitte der Mauer, hoch oben an den kleinen Rundfenstern muss man suchen. Manchmal klemmt dort eine verwelkte Rose.

Die meisten Passanten haben nur Augen für das 200 Meter lange Stück Berliner Mauer auf der anderen Straßenseite. Um es vor Andenkenjägern zu schützen, ist es eingezäunt: Mauerspechte haben in den ersten Monaten nach der Maueröffnung große Löcher in den Stahlbeton geschlagen. Dass dieses originale Mauerfragment überhaupt noch steht, ist indirekt der Gestapo zu verdanken. Im Sommer 1990, als der Abriss der Grenzbefestigung in vollem Gange war, beriet eine vom Senat eingesetzte Kommission über die Zukunft der Stadtbrache auf dem einstigen Gestapo-Gelände. Die Historiker drängten darauf, das Mauerstück als wichtiges Zeitzeugnis einzubeziehen. Schließlich wäre es ohne die Naziherrschaft nie zur Teilung Berlins gekommen.

Ich kenne das Gelände noch als verwunschenen Ort direkt an der Mauer, auf dem Unkraut und Gestrüpp wucherten. Zwischen Schuttbergen dröhnten Motoren. In einem „Autodrom" konnte man ohne Führerschein

erste Fahrversuche unternehmen. Nebenan stand die
Kriegsruine des ehemaligen Kunstgewerbemuseums,
heute einer der begehrtesten Ausstellungsorte in Berlin: der Martin-Gropius-Bau. Nach der Restaurierung
war dort 1987 anlässlich der 750-Jahr-Feier die große
Westberliner Schau zur Stadtgeschichte zu sehen. Eine
provisorische Ausstellung über die „Topographie des
Terrors" sensibilisierte die Öffentlichkeit für das Gestapo-Gelände, auf dem nun endlich ein dauerhaftes Infor-
mations- und Dokumentationszentrum im Bau ist.

Das Mauerstück an der Niederkirchnerstraße ent-
spricht dem Bild der Grenze, das Westberlinern vertraut war. Im letzten Jahrzehnt der Teilung schauten
sie rundum auf solch glatte Wände vom Typ „Grenzmauer 75". Bereits Mitte der 1960er Jahre hatte die
DDR damit begonnen, die Mauer zu verschönern.
Zusammengeklotzt aus Hohlblocksteinen, Ziegeln und
Betonquadern, aus denen Stacheldrahtträger heraus-
ragten, bot sie anfangs einen martialischen Anblick. Es
folgte eine höhere und glattere Mauervariante aus
Betonplatten, die zwischen Pfeilern aus Beton oder
Eisen klemmten. Mit der späteren „Grenzmauer 75"
plante das DDR-Verteidigungsministerium, „in dem
den Sperranlagen vorgelagerten Abschnitt eine vor-
bildliche Ordnung und Sauberkeit herzustellen". Die
Wahl fiel auf massive Betonfertigteile, die sich im Silo-
bau für die Landwirtschaft bewährt hatten: 3,60 Meter
hoch, 1,20 Meter breit, mit einem mächtigen Fuß, der
keine Fundamentierung brauchte und trotzdem ver-
hinderte, dass Fahrzeuge durchbrechen konnten. Die
runde Mauerkrone aus Asbestbetonrohren machte es
schwer, einen Halt zum Drüberklettern zu finden.

Diese hohe Mauer verdeckte den dahinter liegenden Todesstreifen perfekt. Stand man ein paar Meter
davor, war von Ostberlin überhaupt nichts zu sehen.
Bald entdeckten Graffitikünstler die weiße Wand als
idealen Malgrund. Im Jahr 1987, das weiß ich noch, war
die Mauer an der Niederkirchnerstraße über Nacht mit
blauen Formularen tapeziert. Eine Volkszählung in der
Bundesrepublik und Westberlin war angeordnet, aber
das Völkchen aus Studenten, Altlinken und Ausstei-
gern in Kreuzberg hatte keine Lust, sich zählen zu lassen. Lieber kleisterte es die Fragebögen an die Mauer.
Für die Grenztruppen war es eine Sisyphosarbeit, für
Ordnung und Sauberkeit zu sorgen.

Ich gestehe, ich bin gern und oft an dieser Mauer
entlang geradelt. Hier gab es keine Konflikte mit Auto-
fahrern. Kinder spielten Fußball auf Straßen, die man
heute nur noch mit äußerster Vorsicht überqueren
kann. Am Kreuzberger Stadtrand blühte eine bunte
Alternativszene, dagegen wirkte die Stadt jenseits der
Mauer grau und leblos. Was sollte ich drüben? Ost- und
Westberlin drehten einander den Rücken zu. Sollte
Honecker seine spießige Hauptstadt für sich behalten.
Hauptsache, die DDR mischte sich nicht in unser
Leben ein.

Mit der Maueröffnung änderte sich das. Eines Tages
klaffte eine große Bresche in der Wand am Ende der
Welt, durch die man einfach so hinübergehen konnte.
Der unbetretbare Todesstreifen verwandelte sich in
eine Begegnungszone. Verwunderte Wessis und Ossis
kamen spontan miteinander ins Gespräch. Sie spazier-
ten auf der Schneise durch ihre Stadt und sahen sie völlig neu. Aus dem Grenzstreifen war ein traumhafter

Ort für Flaneure geworden. Ich begann damals, mein
Geld als Stadtführer zu verdienen. Jeden Tag sah der
Grenzstreifen ein wenig anders aus. Es war eine ent-
deckungsreiche Zeit.

Leider haben Politiker keine Zeit zum Spazierenge-
hen. Sie begriffen nicht, dass die Betonmauer aufge-
hört hatte, die Menschen zu trennen, und dass der
Grenzstreifen die beiden Stadthälften auf eine sehr
zivile Weise verband. „Die Mauer muss weg!" hatte es
28 Jahre geheißen. Nun sollte dieser Traum möglichst
schnell wahr werden. Das Ergebnis sieht man links
und rechts von dem Mauerstück am Gestapo-Gelände.
Perfekt wiedervereinigt wurde nur der Autoverkehr.

Ein Jahr nach der Maueröffnung stand vom größten
und prägendsten Bauwerk Berlins so gut wie nichts
mehr. Der Phantomschmerz ließ nicht lange warten.
1991 kursierten die ersten Vorschläge, den Mauerver-
lauf zu kennzeichnen. Die damalige Diskussion hat
Spuren im Pflaster der Niederkirchnerstraße hinterlassen. Dort wo das Mauerstück abbricht, vor dem wieder-
eröffneten Haupteingang des Martin-Gropius-Baus,
sind 1994 Probestücke für eine Markierung verlegt
worden. Im Vorjahr war das Berliner Stadtparlament in
den ehemaligen Preußischen Landtag gezogen. Direkt
vor ihrem Tagungsort konnten die Abgeordneten die
verschiedenen Markierungsvorschläge miteinander
vergleichen.

Ein rötliches Kupferband geht auf einen Vorschlag
des Architekturkritikers Gerwin Zohlen zurück. Diese
elegante Markierung hätte auch in Häuserfassaden
eingelassen und sogar in Innenräumen verlegt werden
können, ohne allzu großen Anstoß zu erregen. Eine

dauerhafte Lösung, mit einem massiven Schönheitsfehler: Gekennzeichnet worden wäre lediglich der Verlauf der Grenzanlage, der für die Westberliner am sichtbarsten war. Für die Erfahrung der Ostberliner mit der Grenze bietet die Kupferschiene keinerlei Anhaltspunkt.

Die Künstlerin Angela Bohnen schlug vor, 20 Zentimeter breite gefärbte Betonstreifen ins Straßenpflaster einzulassen. Ein rotes Band sollte den Verlauf der Vorderlandmauer nach Westberlin, ein blaues Band die Hinterlandmauer nach Ostberlin abbilden. So wäre die Ausdehnung des Todesstreifens, der das hauptsächliche Fluchthindernis bildete, erkennbar gewesen. Wer sehr genau hinschaut, findet in der Pflasterung vor dem Abgeordnetenhaus den ehemals blauen, jetzt stark verblassten Streifen. Gefärbter Beton wird sehr schnell unansehnlich und grau, erst recht als Straßenbelag. Deshalb – und wegen der höheren Kosten einer doppelten Markierung – hatte diese Idee keine Chance.

Nach einer sehr kontroversen Diskussion entschied sich der Senat für eine anspruchslose und billige Lösung. Eine doppelte Reihe dicker Pflastersteine verläuft mittlerweile überall dort, wo eine Betonwand den Westberlinern den Blick in die DDR versperrte. Den Verkehrsfluss stört diese Markierung nicht. Wer weiß, was sie bedeutet, dem kann sie bei der Suche nach der verschwundenen Mauer hilfreich sein. Sie kann einen aber ebenso in die Irre führen, weil auch an ganz normalen Straßenrändern oder auf Parkplätzen solche Pflastersteinreihen verlegt werden.

Von der Niederkirchnerstraße kann man der doppelten Pflastersteinreihe kilometerweit folgen, sich von ihr über den Potsdamer Platz und am Brandenburger Tor vorbeiführen lassen. Gut, dass es überhaupt irgendeine historische Orientierungshilfe zwischen völlig neu angelegten Straßen und Hochhäusern gibt. Denn authentische Mauerspuren findet man in dieser Gegend kaum mehr. Und wer nimmt inmitten auftrumpfender Büropaläste wahr, dass zwischen Niederkirchnerstraße und Potsdamer Platz noch ein originaler Wachturm existiert? Müsste nicht eine Traube von Mauertouristen ihn umlagern, die sich davor fotografieren?

Doch die Erna-Berger-Straße, die als Sackgasse von der wiederbelebten Stresemannstraße abzweigt, ist meistens menschenleer. Dort steht der eleganteste erhaltene Wachturm, ein schlankes Gebilde mit achteckiger Kanzel über dem runden Schaft. Seit 1969 wurden die filigranen „Rundblickbeobachtungstürme" – Typ „BT 11" – auch an der innerdeutschen Grenze eingesetzt. Über eine Leiter in der engen runden Röhre kamen die Grenzwächter im Alarmfall nur sehr langsam ins Freie. Deshalb benutzten die Grenzsoldaten später lieber plumpe Rechtecktürme. Sie waren geräumiger und standfester.

Als ich den Turm, von dem die nicht mehr erhaltene Hinterlandmauer an der Niederkirchnerstraße beobachtet wurde, neulich aufsuchte, um ihn zu fotografieren, waren die Scheiben eingeworfen. Großstadttauben hatten den Turm besetzt. Die Vögel ein- und ausflattern zu sehen, war ein schönes Bild. Der Irrwitz der Teilung interessierte die Tauben und Spatzen nie. In der gespaltenen Stadt flogen sie einfach über die Grenze, wann sie dazu Lust hatten.

Skulpturenwiese am Kanzleramt
Demonstration der Steine

Vor dem Reichstag habe ich Hunderttausende bei Großdemonstrationen, Maifeiern und Rockkonzerten erlebt. Am Wochenende bolzten Amateurkicker auf dem Riesenplatz und von den Nachbarwiesen wehten Grillschwaden herüber. Dass dem Reichstag die Kuppel fehlte und gleich dahinter die Mauer stand, bekümmerte niemanden. „Dem deutschen Volke" steht über dem Hauptportal. Der Platz der Republik gehörte wirklich dem Volk.

Im Sommer 1995 hüllte das Künstlerpaar Christo und Jeanne-Claude den Reichstag in silbrige Stoffbahnen: Es war ein heiteres Abschiedsfest. Danach bekam das Reichstagsgebäude seine schicke Glaskuppel, der Bundestag zog von Bonn nach Berlin und der Platz der Republik war auf einmal Bannmeile. Alles was dem Volk Spaß macht, wie Fußballspielen, Grillen und

Demonstrieren, ist vor dem Parlament seitdem verboten. Stattdessen steht jeden Tag eine lange Menschenschlange vor dem Westportal. So als sei der Bundestag eine DDR-Kaufhalle, in der gerade ein paar Kisten Apfelsinen angeliefert würden.

Nach dem Schlangestehen wandeln die Leute hinauf in die Glaskuppel und schauen hinab auf den mit langweiligen Hecken bepflanzten, ordentlich gemähten Platz der Republik. An seiner Nordseite zieht sich wuchtig das Band des Bundes entlang, eine lange Gebäudespange in Ost-West-Richtung, der architektonische Brückenschlag über die ehemalige Grenze und den Spreebogen hinweg. Doch zwischen dem Paul-Löbe-Haus mit den Sälen für die Bundestagsausschüsse und dem Kanzleramt klafft eine Lücke. Die Stadtplaner Axel Schultes und Charlotte Frank, die mit ihrer Vision vom Band des Bundes 1992 einen internationalen Wettbewerb gewannen, hatten dort ein Bürgerforum vorgesehen. Ein öffentlicher Ort für politische Debatten sollte dem Parlamentsbetrieb zur Seite stehen und das Kanzleramt architektonisch einbinden, das jetzt wie ein Solitär wirkt. Doch das Bürgerforum blieb ein Traum. Die Abgeordneten wollten kein Geld dafür geben, ständig debattierendes Volk vor der Tür zu haben.

An der langen Südflanke des Kanzleramts liegt eine namenlose Wiese mit Bäumen, der nicht anzusehen ist, ob sie noch zum Platz der Republik gehört oder schon zum Tiergarten. Bis 1957 standen auf der Wiese die Ruinen der Kroll-Oper, die vielerlei war: Vergnügungsetablissement, Opernbühne und Tagungsort des von den Nationalsozialisten gleichgeschalteten Reichstags, nachdem das Reichstagsgebäude ausgebrannt war. Abstrakte Steinskulpturen bevölkern die Wiese, schwere Brocken mit Mooskappen und verwitterten, rauen Oberflächen. Es gibt runde und eckige, organische und kubistische, übermannshohe und breit hingelagerte. Obwohl sie nicht figürlich sind, hat jede Skulptur ihren eigenen Charakter und ihr Temperament. Miteinander bilden sie eine machtvolle Kunstdemonstration für Eigensinn und Beharrlichkeit.

Eine „Mauer aus Kunst wider alle Mauern der menschlichen Tyrannei" nannte der Berliner Journalist und Kulturhistoriker Heinz Ohff diese Steine. Sie sind das Arbeitsergebnis zweier Treffen internationaler Bildhauer, die kurz nach dem Mauerbau 1961 und 1963 auf der Wiese an ihren Steinblöcken arbeiteten. Der Israeli Kosso Eloul hinterließ den hohen eckigen Block, in den von oben ein Keil hineingefahren zu sein scheint, ohne den Stein ganz in zwei Teile zersprengt zu haben – ein einleuchtendes Sinnbild für die Situation der geteilten Stadt. Der Ungar Pierre Székely fügte die Buchstaben Alpha und Omega zu einer menschenähnlichen Figur. Der Block von Rüdiger-Utz Kampmann wirkt wie ein Paket aus verschlungenen Gliedmaßen. Die Steine geben mehr Fragen auf als sie beantworten. „Hier haben die jungen Druiden ihre Menhirsteine in die Mitte unseres Jahrhunderts gestellt. Direkt vor der Trennlinie der Gewalt geben die Bildhauer ein Beispiel für die Verständigung der Völker durch die Kunst", schrieb der Kunsthistoriker Eberhard Roters 1964 im Katalog zum zweiten Bildhauersymposion.

Nicht alle Steine sind erhalten. Das Trümmerstück einer Skulptur von Heinrich Brummack liegt überwachsen im Gras. Auch die anderen Steine waren in schlechtem Zustand. Erst nachdem einige Künstler damit gedroht hatten, ihre verwahrlosten Werke abzutransportieren und zu verkaufen, hat sie der Senat 2002 reinigen und sicher aufstellen lassen.

Mit der Fertigstellung des 2001 bezogenen Kanzleramts bekam die Skulpturenausstellung im Freien einen passenden Zuwachs: die 90 Tonnen schwere rostrote Stahlplastik „Berlin" des baskischen Bildhauers Eduardo Chillida im einsehbaren Ehrenhof der Machtzentrale. Chillida, Jahrgang 1924, stammt aus derselben Vorkriegsgeneration wie die Künstler der Skulpturenwiese. Das Motiv der gespaltenen Stadt kehrt in der Zweiteilung seiner abstrakten Plastik wieder. Aus zwei mächtigen Pfosten wachsen je vier gebogene Arme, die sich ineinander verschlingen, ohne sich zu berühren. Zwischen den zwillingshaften Polen herrscht ein spannungsreiches Verhältnis von Anziehung und Abstoßung. Die Mauer durch Berlin und Deutschland ist in dieser Skulptur im zweifachen Wortsinn aufgehoben: unsichtbar, aber im komplizierten Verhältnis beider Teile weiterhin anwesend.

Parlament der Bäume
Freundliche Landnahme

Der Künstler bestellt seinen Garten. In Gummistiefeln, Gärtnerschürze und grünem Anorak lässt er mit flinken Handbewegungen Tulpenzwiebeln in vorbereiteten Beeten verschwinden. Neben ihm knien der Bezirksbürgermeister von Mitte, eine Ministerialdirektorin aus dem Kanzleramt und ein Abgeordneter aus dem Europaparlament und machen sich die Hände schmutzig. Fotografen wimmeln um sie herum. Was ist die schönste Kunstaktion wert, wenn die Welt nichts davon erfährt?

Im Parlament der Bäume sollen tausende Tulpen blühen. Seit 1990 arbeitet der Künstler Ben Wagin mit Pflanzschaufel, Schubkarre, Spaten und Pinsel an seinem Werk. Auch auf der Skulpturenwiese neben dem Kanzleramt hat er Beete angelegt. Wenn die Tulpen ihre bunten Blütenblätter öffnen, wird das Wort TOTE im Gras aufleuchten. Damit will Ben Wagin an die vielen Soldaten erinnern, die in den letzten Tagen des Zweiten Weltkriegs beim Kampf um den Reichstag fielen. Im Parlament der Bäume liegen Gebisse auf den Blumenbeeten, ein makabrer Fingerzeig auf den blutgetränkten historischen Boden.

Als Ben Wargin war der Künstler im alten Westberlin ein stadtbekanntes Original, jetzt nennt er sich lieber Ben Wagin: Die Silbe „war" – englisch: Krieg – gefiel ihm nicht länger in seinem Namen. Auch sein Parlament der Bäume ist eine pazifistische Dauerdemonstration. Es ist ein Fremdkörper zwischen den neuen Bundestagsbauten und dem eleganten Haus der Bundespressekonferenz. Alles in dieser Gegend, auch die Promenaden und Grünflächen am Spreeufer, wirkt aufgeräumt und durchgeplant. Das Parlament der Bäume hat den anarchistischen Charme eines Schrebergartens. Wie entzückend, wenn man im Spätsommer mitten im Regierungsviertel plötzlich vor einem üppigen Sonnenblumenfeld steht! Oder wenn im Oktober jeder der etwa hundert Bäume eine andere Laubfärbung zeigt! Mühlsteine und Findlinge liegen im Gras. Mittendurch führt ein Stück des asphaltierten Kolonnenwegs der DDR-Grenztruppen, an den Seiten liegen Granitplatten mit den Namen von Maueropfern. Ein langes Stück Hinterlandmauer ist mit schwarzen Figuren und Zitaten bemalt: „Wer zu spät kommt, den bestraft das Leben." Im Parlament der Bäume habe ich zum ersten Mal das schöne Bonmot von Theodor Heuss gelesen: „Man kann mit Politik keine Kultur machen, aber vielleicht mit Kultur Politik."

Parallel zur Hinterlandmauer steht eine zweite Reihe versetzter Betonsegmente. Mit Gitterresten und

Lampen der früheren Grenzbefestigung bildet sie einen schmalen Innenhof. Dort gräbt Ben Wagin den Wurzelballen eines Maulbeerbäumchens von der Pfaueninsel ein, das der ehemalige Gartendirektor der Preußenschlösser mitgebracht hat. Ben Wagin ist ein schrulliger kleiner Mann, der jeden sofort duzt, umarmt und für seine Projekte einspannt. Im alten Westberlin kannten ihn alle als unermüdlichen Mahner gegen Umweltzerstörung, als Installations- und Happeningkünstler, der in seinem Leben Zehntausende von Bäumen gepflanzt hat. Der nicht locker ließ mit seiner Botschaft: Wenn wir unseren aufwendigen Lebensstil nicht ändern, wenn wir nicht respektvoller mit der Natur und miteinander umgehen, dann ist unser Planet bald kaputt. Das hat Ben Wagin den Leuten durch seine Aktionen und Installationen in der Stadt beizubringen versucht, lange ehe die Grünen in den Bundestag einzogen. Als die Mauer fiel, war für ihn klar: Die Zeit ist reif für ein Parlament der Bäume.

Also nahm er das Spreeufer gegenüber vom Reichstag in Besitz, einfach so, ohne lange um Genehmigungen zu fragen. Der von den Grenztruppen in eine baum- und strauchlose Wüste verwandelte Todesstreifen schrie danach, rekultiviert zu werden. Ben Wagin lud Künstler, Abgeordnete und Senatoren ein, mit Hand anzulegen. Er überredete die Ministerpräsidenten der 16 Bundesländer dazu, je einen Baum zu pflanzen. Dort, wo heute das Haus der Bundespressekonferenz steht, bildeten Erdhügel den mahnenden Schriftzug EUROPA ERDE WERDE. An die Hinterlandmauer malte Ben Wagin die Zahlen der Toten, die jedes Jahr an der Grenze gestorben waren.

Das heutige Parlament der Bäume ist nur noch ein
Torso der ursprünglichen Anlage. Einige hundert neu
gepflanzte Bäume wurden von Bautrupps gefällt, um
die Planungen für das neue Parlamentsviertel umzu-
setzen. Beim Bau des Marie-Elisabeth-Lüders-Hauses
für die Bibliothek des Bundestags fand sich ein Kom-
promiss: Die von Wagin mit den Jahres- und Totenzah-
len bemalten Mauersegmente wurden als Mauerge-
denkstätte des Bundestags ins Haus integriert. Dort wo
filigrane Fußgängerbrücken über die Spree die neuen
Parlamentsgebäude und zugleich ehemaliges Ost- und
Westberlin verbinden, kann man durch große Glas-
wände die Mauerteile sehen.

Ohne das Parlament der Bäume gäbe es am Bundestag überhaupt keine originalen Mauerteile mehr. Die
Behörden von Bund und Stadt tun sich jedoch sehr
schwer, die illegale Landnahme zu legalisieren. Im
städtischen Flächennutzungsplan ist das Parlament
der Bäume als Baulandreserve für den Bundestag ein-
getragen, deshalb wurden die Mauerteile bisher nicht
unter Denkmalschutz gestellt. Ben Wagin hat die Oase
all die Jahre gepflegt, ohne daran etwas zu verdienen.
Mittlerweile geht der agile kleine Mann auf die Achtzig
zu und macht sich Sorgen um die Zukunft seiner
Schöpfung. Nach einem Besuch des Regierenden Bür-
germeisters, der Hilfe zusagte, einigten sich im Frühjahr 2009 die Behörden: Das Land stellt Lottogelder für
den Erhalt der Anlage zur Verfügung, der Bund als
Grundeigentümer garantiert ihren Bestand für weitere
zehn Jahre, außerdem übernimmt er die Verantwor-
tung für Bewachung und gärtnerische Pflege.

Checkpoint Charlie
und Alliiertenmuseum
Erinnerungszirkus

Die Lichter des Grenzübergangs spiegeln sich im nassen Asphalt. Vom Stacheldraht auf der Mauer schwenkt die Kamera auf das dreisprachige Schild YOU ARE LEAVING THE AMERICAN SECTOR. Eine Schranke im russischen Sektor geht hoch, langsam rollt ein Auto über die weiße Linie in den Westen. An der alliierten Militärbaracke auf dem Mittelstreifen der Friedrichstraße stoppt es, die Papiere des Fahrers werden kontrolliert. Aus einem Ladengeschäft mit dem Schild US ARMY – CHECKPOINT CHARLIE tritt ein Mann mit dampfenden Kaffeetassen auf einem Tablett. Er trägt sie über die Straße in die Baracke. Ende der langen Einstellung. Schnitt.

In der Baracke wartet der britische Agentenführer Leamas, gespielt von Richard Burton, seit Stunden auf einen Mitarbeiter, der in Ostberlin enttarnt wurde. Wenig später schießen ihn Grenzposten vor Leamas'

Augen nieder. „Der Spion, der aus der Kälte kam", ein 1965 verfilmter Agententhriller nach einem Roman von John Le Carré, beginnt und endet mit dem Sterben an der Berliner Mauer. Ganz am Ende erwischt es auch Leamas, der nur eine Schachfigur im undurchsichtigen Spiel der Geheimdienste ist.

Was ist Realität, was Fiktion? Wenn man die atmosphärisch dichte Filmsequenz mit historischen Fotos des Grenzübergangs vergleicht, könnte man glauben, sie sei tatsächlich dort gedreht worden. So genau bis in kleinste Fassadendetails wurde die Szenerie für die Dreharbeiten in Irland nachgebaut. Vor Ort zu drehen, das war damals an diesem neuralgischen Punkt der Ost-West-Beziehungen nicht vorstellbar. Im Jahr 1982 aber war die politische Entspannung so weit fortgeschritten, dass wirklich ein paar Einstellungen für einen Agententhriller am Checkpoint gefilmt werden konnten. In dem James-Bond-Film „Octopussy" mit Roger Moore sieht die Militärbaracke auf der Friedrichstraße ganz anders aus. Wie in der Realität hat sie sich von einer pittoresken Holzhütte in einen eckigen Container verwandelt.

Dass die Filmleute sich große Mühe gaben, den Schauplatz Checkpoint Charlie authentisch aussehen zu lassen, geht auf seine Prominenz in den Nachrichtenmedien zurück. Im Oktober 1961 standen sich hier tagelang amerikanische und sowjetische Panzer gegenüber, weil die USA sich weigerten, ihre Militärangehörigen von DDR-Grenzern kontrollieren zu lassen. Wenn Staatsgäste nach Westberlin kamen, wurden sie beim obligatorischen Mauerbesichtigungsprogramm auf die Besucherplattform am Checkpoint Charlie geführt. Kranzniederlegungen des Senats am Tag des Mauerbaus fanden häufig an einem düsteren Gedenkkreuz in der Nähe statt. Es erinnerte an den im Grenzstreifen nach einem Fluchtversuch verbluteten Peter Fechter und stand etwa 100 Meter östlich vom Checkpoint. Heute findet man dort eine rostrote Stele mit Fechters Namen: ein nichtssagendes Designerobjekt, passend zu den neuen Bürohäusern links und rechts an der Zimmerstraße.

Direkt neben dem Checkpoint, in der Friedrichstraße 44, eröffnete der Menschenrechtsaktivist Rainer Hildebrandt 1963 sein Mauermuseum, das jährlich Hunderttausende anzieht. Seine Kollektion von Autos, Ballons, einem U-Boot und anderen Gerätschaften, die zur Flucht aus der DDR benutzt wurden, ist einzigartig. Nach der Maueröffnung allerdings kam dem Museum sein größtes Ausstellungsstück abhanden: Die originale Mauer mit dem Grenzkontrollpunkt direkt vor der Haustür verschwand Stück für Stück auf Nimmerwiedersehen.

Keine zwei Jahre nach dem Mauerfall, am 13. August 1991, weihte das Haus am Checkpoint Charlie deshalb an der Friedrichstraße, Ecke Zimmerstraße, die erste Rekonstruktion eines Stücks „Grenzmauer 75" ein. Damit der Straßenverkehr floss, konnte es nicht genau dort wiederaufgebaut werden, wo das Original gestanden hatte. Nach ein paar Jahren musste die Attrappe einem „American Business Center" weichen. Seit dem 13. August 2000 steht nun eine Kopie der alliierten Militärbaracke auf dem Mittelstreifen der Friedrichstraße – alterslos und exakt nachgearbeitet wie die Filmkulisse für „Der Spion, der aus der Kälte kam". Davor ist eine

Sandsackbarriere aufgebaut, so als sollten gleich Dreharbeiten beginnen. Schauspieler in Uniformen der Alliierten lassen sich mit Touristen fotografieren.

Wer neugierig durch die Fenster in die Grenzkontrollbaracke hineinlugt, sieht das schwarz gerahmte
Foto eines alten Herrn: Rainer Hildebrandt starb 2004.
Seine Witwe führt das Privatmuseum weiter. Der Berliner Senat aber tut sich mit Hildebrandts Erbe schwer.
Bisher hat die Stadtregierung jede pseudoauthenti-
sche Mauerrekonstruktion konsequent abgelehnt. Sie
ist unzufrieden mit der Ausstellung, dem Finanzgeba-
ren und der Führung des Museums. Um die Touristen-
massen am Checkpoint Charlie besser zu informieren,
hat der Senat dem Mauermuseum eine umfangreiche
Freiluftausstellung auf Bauzäunen vor die Tür gesetzt,
die das offizielle Gedenkkonzept widerspiegelt. Die
großen Tafeln informieren sie über die Geschehnisse
am Grenzübergang, verweisen aber auch auf andere
Orte in der Stadt, an denen man mehr über die Teilung
Berlins erfährt. Wie 1961 die sowjetischen und amerikanischen Panzer, so stehen sich heute die Gedenkkon-
zepte des Senats und des Mauermuseums am Checkpoint Charlie unversöhnlich gegenüber.

Mir macht das den Ort noch fremder. Ich habe viele
Jahre in der Nähe gewohnt, und als es am 9. November
1989 abends im Fernsehen hieß, an der Mauer sei
etwas los, da radelte ich spontan zum Checkpoint
Charlie, um mir selbst ein Bild zu machen. Ungewöhnlich entspannt standen Grenzer oben auf der Mauer
und beobachteten die erwartungsvolle Menschenmenge unten auf der Straße. Dann kamen die ersten Leute
aus Ostberlin herüber. Es flossen Freudentränen. Ich

empfand in diesem Augenblick eine Leichtigkeit, die mir ganz unwirklich vorkam. So als habe die Schwerkraft schlagartig nachgelassen. Zwölf Jahre lang kannte ich Berlin nur mit Mauer. Sie war so selbstverständlich vorhanden, dass ich mir ein ungeteiltes Berlin gar nicht vorstellen konnte. Alles schien möglich, wenn die Mauer fiel. Diese Empfindung bleibt für mich mit dem Checkpoint Charlie verknüpft, doch in dem Erinnerungszirkus dort finde ich davon nichts wieder.

Im Fernsehen verfolgte ich 1990 live, wie die alliierte Grenzkontrollbaracke am Checkpoint Charlie in Anwesenheit mehrerer Außenminister von einem Kran weggehoben wurde: eines von vielen Medienereignissen, die auf die fröhliche Anarchie der Maueröffnung folgten und den faden Nachgeschmack politischer Inszenierungen zurückließen. Die originale Baracke, die nun durch die Filmkulisse auf der Friedrichstraße ersetzt wurde, sah ich kürzlich unerwartet wieder. Mit meinem zehnjährigen Sohn, der nach dem Mauerfall im ehemaligen Ostberlin geboren wurde und dort aufwächst, bin ich weit in den Südwesten gefahren, nach Zehlendorf, wo man nicht unbedingt authentische Mauerreste vermutet. Im „Outpost" an der Clayallee, dem ehemaligen Kino der in Berlin stationierten US-Streitkräfte, eröffnete 1998 das Alliiertenmuseum. Mein Sohn war fasziniert von den alten Filmen über die Berliner Luftbrücke, den klapprigen Jeeps, Uniformen und Waffen im ehemaligen Kinosaal. Ein Stück Agententunnel beglaubigt den Mythos vom geteilten Berlin als Hauptstadt der Spione. Der US-Geheimdienst baute die 450 Meter lange Metallröhre im Winter 1954/55 unter der Sektorengrenze nach Ostberlin, um geheime Telefongespräche der Sowjets anzuzapfen. Nach elf Monaten enttarnten sie den Tunnel und führten ihn der Presse vor, um aller Welt zu zeigen, welche Gefahren vom Agentennest Westberlin für den Frieden ausgingen. Ein Stück Tunnel wurde nach der Maueröffnung bei Alt-Glienicke ausgegraben und vom Alliiertenmuseum mit Sandsackbewehrung, Leitungen und Beleuchtung wiederhergestellt.

Draußen auf dem Freigelände stehen ein britischer Rosinenbomber vom Typ „Hastings" und der Waggon eines französischen Militärzugs, der regelmäßig zwischen Westberlin und der Bundesrepublik verkehrte, daneben die Containerbaracke vom Checkpoint Charlie. Um das Original ist es weit stiller als um die Kopie an der Friedrichstraße. Dabei könnten Mauertouristen in Zehlendorf einiges sehen, was auf dem ganzen Grenzstreifen nur noch als fotografische Erinnerung existiert. Über vier bunt bemalten Betonsegmenten vom Typ „Grenzmauer 75" ragt ein viereckiger Wachturm – wie früher an der Niederkirchnerstraße, nahe beim Checkpoint Charlie. Derartige Türme auf quadratischem Grundriss aus Fertigteilen boten Platz für zwei Grenzwächter. Sie ließen sich ebenso einfach montieren wie abbauen, deshalb ist rund um Westberlin heute kein einziges Exemplar mehr erhalten.

Mein Sohn schaute sich die Überreste des geteilten Berlin, das es schon lange nicht mehr gab, als er auf die Welt kam, mit großen Augen an. Für sein Empfinden muss dieses Berlin so fern sein wie das antike Rom. Als ich etwa so alt war wie er, ging es mir mit den Erzählungen der Erwachsenen von einem Berlin ohne Mauer nicht anders.

U-Bahnhof Mohrenstraße
und Führerbunker
Die Unterwelt der Macht

Alle paar Minuten donnern gelbe Züge heran, öffnen
hastig ihre Automatiktüren, schließen sie nach Sekun-
den mit schrillem Tüü-tüü-tüü und verschwinden
rasch wieder im Tunnel. In den Pausen dazwischen ist
es auf dem Bahnhof Mohrenstraße ungewöhnlich
ruhig. Kaum jemand steigt aus oder ein, noch nie habe
ich auf dem Bahnsteig Gedränge erlebt. Etwas von der
Stimmung der Jahre vor und nach dem Mauerfall hat
sich hier unten gehalten. Bis 1993 war der Bahnhof
eine trübe beleuchtete Endstation. Züge aus dem
Westen fuhren nicht ein, Züge aus dem Osten mussten
kehrt machen. Das war so seit dem 13. August 1961, als
der durchgehende U-Bahn-Verkehr auf der Linie zwischen Alex und Zoo unterbrochen wurde.

Ungewöhnlich für Berlin ist die Bahnhofsarchitek-
tur. Wände, Mittelsäulen und Sitzbänke sind mit röt-

lichbraunem Marmor verkleidet. Das Material wirkt allzu erlesen, ja unangebracht für einen U-Bahnhof, weil es zuviel vom künstlichen Licht schluckt. Die Architektur steht unter Denkmalschutz, sonst wären die historischen Leuchtkästen mit dem Bahnhofsnamen, zwei alte Fahrtrichtungsanzeiger in der Bahnsteigmitte und die Kabine für das Personal aus DDR-Zeiten längst weg. Die düstere Pracht erinnert ein wenig an Moskauer U-Bahnhöfe aus der Stalinzeit.

Als der stark zerstörte, noch aus der Kaiserzeit stammende U-Bahnhof nach dem Zweiten Weltkrieg wiederhergerichtet wurde, benutzte man einen Baustoff, der in der Nähe herumlag. Die zerschossene Reichskanzlei Adolf Hitlers diente als Marmorsteinbruch – so jedenfalls will es die Legende, die neuerdings von einigen Historikern in Zweifel gezogen wird. Nach zeitgenössischen Zeitungsberichten wurden auch Marmorplatten aus Thüringen verbaut.

Zur Reichskanzlei gehörten ein barockes Palais an der Wilhelmstraße, von dem aus schon Bismarck die Politik des Kaiserreichs gelenkt hatte, ein sachlicher Anbau aus den 1920er Jahren und um die Ecke entlang der Voßstraße der gigantomanische Führerpalast, den sich Hitler von seinem Lieblingsarchitekten Albert Speer nach der Machtübernahme bauen ließ. Alle drei Gebäude der Reichskanzlei sind restlos verschwunden. Erhalten blieben in Sichtweite das ähnlich gigantomanische Reichsluftfahrtministerium, heute Bundesfinanzministerium, und ein weiterer einschüchternder Nazibau: das für Joseph Goebbels errichtete Ministerium für Volksaufklärung und Propaganda an der Mauerstraße 45–52.

Nach der Schlacht um das Regierungsviertel im April 1945 stand kaum noch ein Stein auf dem anderen. Die SED-Führung plante ein großes Nationaldenkmal für den von den Nazis ermordeten KPD-Führer Ernst Thälmann in der Trümmerwüste, seit 1950 trugen der Wilhelmplatz und der U-Bahnhof daher den Namen Thälmannplatz. Bis dahin hatte er Kaiserhof geheißen, so wie ein großes Hotel am Platz. Nach dem Mauerbau machten die Planungen für ein Thälmann-Monument keinen Sinn mehr: Es hätte direkt an den hässlichen Grenzanlagen gelegen. Die SED-Führung weihte stattdessen 1986 ein mächtiges Thälmann-Denkmal in Prenzlauer Berg ein. Um Verwechslungen auszuschließen, wurde die U-Bahn-Station Thälmannplatz in Otto-Grotewohl-Straße umgetauft. Nach dem ersten Ministerpräsidenten der DDR hieß von 1964 bis 1993 der Abschnitt der durch die Mauer geteilten Wilhelmstraße, der zur Hauptstadt der DDR gehörte. Schon 1991 ließ der damalige Verkehrssenator den Namen Grotewohl von den Bahnhofsschildern verschwinden, seither heißt die Station Mohrenstraße.

Kaiserhof, Thälmannplatz, Otto-Grotewohl-Straße, Mohrenstraße – mit vier Namen in weniger als 100 Jahren gehört der Bahnhof zu den ideologisch besonders umkämpften Verkehrsknotenpunkten, so wie der Rosa-Luxemburg-Platz (früher Horst-Wessel-Platz) im Osten und der Theodor-Heuss-Platz (früher Adolf-Hitler-Platz) im Westen. Unten im Bahnhof gibt es leider keine Informationen dazu. Über der Erde stehen alle paar Meter die gläsernen Tafeln der „Geschichtsmeile Wilhelmstraße" am Straßenrand, die einem erzählen, wo genau die Regierungsgebäude standen, und wer dort das Sagen hatte.

Ein Gefühl der Unwirklichkeit bleibt: Diese von grauen Wohnblöcken gesäumte, an den Rändern zugeparkte und mit Bäumen bepflanzte Straße soll die politisch wichtigste Adresse im Deutschen Reich gewesen sein? Ruhige Wohngebiete am Rand historisch gewachsener Innenstädte sehen so aus. Genau dieser Eindruck war beabsichtigt, als die SED-Führung in den 1980er Jahren über tausend Neubauwohnungen in Plattenbauweise an der damaligen Otto-Grotewohl-Straße hochziehen ließ. Bis dahin hatte das Gelände zum Todesstreifen zwischen Potsdamer Platz und Brandenburger Tor gehört. Nun entstand eine Sichtblende aus Wohngebäuden. Vergeben wurden die Wohnungen an ideologisch gefestigte Führungskräfte des SED-Staates, an Akademiker, Ärzte, Sportler oder Musiker, bei denen keine Fluchtgefahr bestand.

Mit neuen Straßen, den Vertretungen der Bundesländer und dem grauen Stelenfeld des Holocaust-Mahnmals ist der Todesstreifen zwischen den Wohnblocks und dem Tiergartenrand inzwischen zugebaut. In den ersten Jahren nach der Maueröffnung konnte man noch völlig ungehindert vom Leipziger Platz bis zum Brandenburger Tor und zum Reichstag blicken. Damals kehrte die Erinnerung daran zurück, dass in diesem Gebiet der Zweite Weltkrieg zu Ende gegangen war. Wilde Spekulationen blühten um den Führerbunker, in dem sich Hitler und Goebbels das Leben nahmen, um der Roten Armee nicht lebend in die Hände zu fallen. Neonazis feierten im aufgelassenen Todesstreifen nächtliche Partys und gruben nach Bunkereingängen. Die Behörden geizten mit Informationen, um den Bunkertourismus nicht noch anzuheizen.

Die Tabuisierung ließ sich nicht länger aufrechterhalten, als 2004 der Spielfilm „Der Untergang" über Hitlers letzte Tage in die Kinos kam. Zur Fußballweltmeisterschaft 2006 durfte der Verein „Berliner Unterwelten" eine große Informationstafel neben dem Holocaust-Mahnmal einweihen (an der Ecke In den Ministergärten/Gertrud-Kolmar-Straße). Von einer Karte der Bunkeranlagen auf der Tafel schweift der Blick auf einen banalen Autoparkplatz hinter einem DDR-Wohnblock. Es sieht nicht nach einem bedeutenden Ort der deutschen Geschichte aus. Aber in zehn Metern Tiefe, unter einer dreieinhalb Meter dicken Betondecke, gab Hitler wirklich seine letzten Befehle, eher er sich eine Kugel durch den Kopf schoss. Die Bunkerdecke trugen DDR-Bauarbeiter erst 1988 mühsam ab. Die Bodenplatte und die Außenwände des Bunkers wurden mit Kies, Sand und Schutt aufgefüllt, sie liegen unten im Grundwasser. Da kommt so leicht keiner ran.

Holocaust-Mahnmal
Die Mauern stehn sprachlos und kalt

Vielerorts in der Stadt erinnern Denkmäler, Informationstafeln und messingglänzende Stolpersteine im Straßenpflaster an die jüdischen Mitbürger, die in der Nazizeit vertrieben oder ermordet wurden. Das am 10. Mai 2005 eröffnete Denkmal für die ermordeten Juden Europas beansprucht in diesem Netzwerk des kollektiven Gedächtnisses eine Sonderstellung. Mit einer Fläche von fast zwei Hektar ist das graue Betonstelenfeld der größte Erinnerungsort. Unübersehbar liegt es im ehemaligen Grenzstreifen, in Sichtweite von Brandenburger Tor und Reichstagskuppel. Gewählt wurde der Bauplatz wegen dieser symbolisch aufgeladenen Nachbarschaft und weil der Bund darüber verfügen konnte. Das Holocaust-Mahnmal markiert – anders als die meisten Gedenkorte – keinen historischen Schauplatz des Terrors. Die enge Nachbarschaft zum früheren Führerbunker und Ministerien von Nazigrößen hat bei der Wahl des Bauplatzes keine Rolle gespielt. Der Anstoß zu dem Mahnmal ging von einer Bürgerinitiative aus, die meinte, für den Mord an sechs Millionen Juden in Europa müsse es ein entsprechend großes National-denkmal an möglichst prominenter Stelle geben – eine Idee, die dann von Regierung und Bundestag aufgegrif-fen wurde.

Mich persönlich berühren viele kleinere Erinne-rungsmale in der Stadt stärker als das imposante Ste-lenfeld aus 2711 Betonkuben. Aber wenn es einen Teil der vielen Besucher empfindsamer und nachdenkli-cher entlässt, hat es seinen Zweck erfüllt. Städtebau-lich ist es ein Glücksfall, weil es den Todesstreifen an dieser Stelle davor bewahrte, mit nichtssagender Stadt-möblierung oder Kommerzarchitektur vollgerümpelt zu werden. Die begehbare Skulptur des amerikani-schen Architekten Peter Eisenman zeichnet diesen Platz als etwas Besonderes aus. Wenn in ein paar Jah-ren die letzte Mauerbrache im Stadtzentrum zugebaut sein wird, dann wird man sich beim Blick übers Stelen-feld erinnern können, welche räumlichen Dimensio-nen der Todesstreifen hier hatte.

Um das Holocaust-Mahnmal still zu erleben, bin ich im Januar kurz vor Mitternacht hingegangen. Kein ein-ziger Reisebus parkte am Rand des Stelenfelds. In den Cafés und Andenkenläden brannte kein Licht. Der unterirdische Ort der Information war geschlossen. Kein Wachpersonal weit und breit. Nirgends ein Hin-weis, dass das Betreten um diese Tageszeit untersagt wäre. Die Besucherordnung – auf Schrifttafeln in den Boden eingelassen – schreibt lediglich vor, dass das Stelenfeld „grundsätzlich nur zu Fuß und im Schritt-Tempo durchquert" werden darf. Verboten sind Lärmen, Rufen, Lagern, Grillen, Rauchen, der Genuss alkoholischer Getränke und das Mitführen von Hunden. Und: „Der Besuch des Stelenfeldes geschieht auf eigene Gefahr".

An den Rändern ähneln die flachen Stelen Grabplatten ohne Inschrift oder grauen Sarkophagen, man denkt unwillkürlich an einen Friedhof, auch wenn der Architekt das so nicht beabsichtigt hat. Ich lief in einen der schmalen unbeleuchteten Gänge hinein, auf dem abschüssigen Pflaster immer tiefer, bis ich eingeschlossen war zwischen übermannshohen, kantigen Betonpfeilern. Ihre glatten Wände reflektierten matt die Straßenlichter in der Umgebung. An den Enden der Gänge blitzten die Scheinwerfer vorübergleitender Autos auf. Eine dünne Mondsichel stand über dem finsteren Labyrinth. Ab und zu huschte ein fremder Schatten zwischen den Betonpfeilern hindurch. Meine Schritte hallten auf dem harten Pflaster, scharf und klar hoben sie sich vom diffusen Verkehrsrauschen ab.

Weh mir, wo nehm ich, wenn
Es Winter ist, die Blumen, und wo
Den Sonnenschein
Und Schatten der Erde?
Die Mauern stehn
Sprachlos und kalt, im Winde
Klirren die Fahnen.

Die Verse von Friedrich Hölderlin kamen mir in den Sinn, als die beleuchteten Deutschlandfahnen auf den

Türmen des Reichstags über den Stelen am Tiergartenrand auftauchten. Ich lief kreuz und quer. Zwischen
den kahlen Betonpfeilern meldeten sich Erinnerun-
gen: So ähnlich fühlte sich das an, vor zwanzig und
mehr Jahren an der Westberliner Seite der Mauer ent-
langzugehen.

Das Stelenfeld besitzt die Vorzüge eines offenen
Kunstwerks: Es schreibt einem nicht vor, was man denken oder empfinden soll. So gut wie als Holocaust-
Mahnmal würde es sich als Denkmal der deutschen
Teilung eignen. Die körperliche Erfahrung des Einge-
schlossenseins zwischen hohen Betonwänden, die
dadurch gemildert wird, dass immer ein Ausweg sichtbar ist – das hat vielleicht mehr mit der Befindlichkeit
der Deutschen während der Mauerzeit, als mit dem
Leiden von Holocaust-Opfern zu tun. Aber das ist nur
eine mögliche Lesart.

Die begehbare Skulptur ist die größte Denkmal-
setzung der Berliner Republik. Den Nachgeborenen
wird sie mehr über unsere Zeit als über den Holocaust
erzählen.

Akademie der Künste
Die Kunst lässt sich nicht vertreiben

Auf den Stufen der großen Betontreppe im gläsernen Foyer der Akademie der Künste sitzen fünf Frauen mit bunten Kopftüchern. Sie stammen vom Balkan, die jüngste ist noch ein Kind. Die Frauen reden angeregt in einer fremden Sprache miteinander. Sie ruhen sich aus, ehe sie wieder hinaus auf den Pariser Platz gehen und den Touristen am Brandenburger Tor ihre handgeschriebenen Zettel unter die Nase halten.

Wenige Meter von den Bettlerinnen entfernt gibt ein Spitzenpolitiker aus dem Bundestag einer Journalistin ein Interview. Die beiden haben es sich an einem der bunten Tischchen des Bistros von Sarah Wiener bequem gemacht. Über den Tresen hinweg kann man durch eine Glaswand dem Hotel Adlon nebenan in die Küche gucken. Vorn am Eingang zur Akademie hat sich ein Stadtführer mit seiner Gruppe aufgestellt. Im Foyer sind die

Leute vor Regen, Kälte und Lärm geschützt, zugleich haben sie durch die lange Glasfront zum Pariser Platz freien Blick auf das Brandenburger Tor, das Liebermann-Haus und die französische Botschaft. Ich habe da auch schon oft mit Gruppen gestanden. Einen besseren Platz, um ungestört etwas über die Geschichte des Tores, den Wiederaufbau des Platzes nach der Wiedervereinigung oder die Geschichte der Akademie der Künste seit ihrer Gründung im Jahr 1696 zu erzählen, gibt es nicht.

Die Akademie hat um das viele Glas, die Durchsichtigkeit und Offenheit ihres neuen Hauses kämpfen müssen. Eine strenge Gestaltungssatzung des Senats für den Pariser Platz schrieb eigentlich eine Steinfassade vor. Aber die Senatsbauverwaltung drohte sich lächerlich zu machen, hätte sie der Akademie und ihrer hochkarätigen Sektion für Baukunst ihre Behördenauffassung von guter Architektur aufzwingen wollen. Das Sektionsmitglied Günter Behnisch, Architekt des luftigen Bonner Parlamentsgebäudes, wollte auch in Berlin fließende Übergänge zwischen Innen und Außen schaffen. Sein im Mai 2005 eingeweihtes Akademiegebäude bildet eine barrierefreie glasgedeckte Passage zwischen dem Pariser Platz und dem Holocaust-Mahnmal. Angeschlossen an diesen öffentlichen Raum sind eine Buchhandlung, das Bistro und Ausstellungsräume. Der Archivlesesaal und der Veranstaltungssaal, das Präsidentenbüro und eine Dachlounge besitzen Glasfronten zum Pariser Platz, mit traumhaftem Postkartenblick auf das Brandenburger Tor und die Reichstagskuppel.

Behnischs gläserner Kristall umschließt eine Ruine. Von den Glastüren am Pariser Platz führt ein sanft ansteigender Fußboden aufwärts zu einem alten Saal mit

unverputzten Gewölbedecken und Stuckfragmenten an
den Wänden, heute Max-Liebermann-Saal genannt. Dahinter liegen vier majestätische Ausstellungssäle mit
hohen Oberlichtdecken. Es sind die Überreste des Palais,
das die Akademie der Künste 1907 am Pariser Platz
bezog. Dreißig Jahre später wurde die von den Nazis
gleichgeschaltete Institution aus dem Haus gedrängt,
damit der „Generalbauinspektor für die Reichshauptstadt" Albert Speer in den schönen Sälen seine Architek-
turmodelle präsentieren konnte. Speers Entwurf für die
Neue Reichskanzlei hatte Hitler so zufriedengestellt,
dass unter seiner Federführung ganz Berlin zur Welt-
hauptstadt „Germania" umgebaut werden sollte. Der
Abriss von über 50 000 intakten Wohnungen war geplant, um Platz für riesige Straßenachsen zu schaffen,
an denen Speer Monumentalbauten vorsah, etwa einen
120 Meter hohen Triumphbogen und die größte Kuppel-
halle der Welt. Möglichem Widerstand der städtischen
Behörden begegnete Hitler dadurch, dass er seinen
Chefplaner mit diktatorischen Vollmachten versah. Ein
eigens für Hitler angelegter Pfad durch die Minister-
gärten verband die Reichskanzlei mit dem Akademiegebäude, er konnte so jederzeit zu Speers Werkstatt hinübergehen, um sich an dessen größenwahnsinnigen
Architekturmodellen zu berauschen.

Ein Fundstück aus jener Zeit ist die große Marmor-
skulptur „Der gefesselte Prometheus", die jetzt am hin-
teren Ausgang des Akademiegebäudes an der Behren-
straße aufgestellt ist. Der Muskelprotz wurde bereits in
der Kaiserzeit von Reinhold Begas geschaffen und diente Hitlers Stadtplanern als Inspirationsquell. Sie mauerten ihn sicherheitshalber rundum ein, als die ersten

Bomben auf die Reichshauptstadt fielen. Erst 1995 wurde er wiederentdeckt. Schräg gegenüber von Prometheus ist ein großes Wandgemälde hinter Glas zu bewundern, das eine surreale Szene zeigt: Mehrere Männer mit schwarzen Hüten sitzen, stehen und fliegen um eine gedeckte Tafel. Ein Wildschweinkopf ist aufgetischt. Das „Gastmahl des Wilddiebs" malte Harald Metzkes 1957/58 anlässlich einer Faschingsparty in den Kellern der Akademieruine. Metzkes war seinerzeit Meisterschüler an der zu DDR-Zeiten neu gegründeten Akademie der Künste, er hatte indes mit dem von der Partei geforderten Sozialistischen Realismus wenig im Sinn. Auch freche Wandbilder seiner Malerkollegen Ernst Schröder, Horst Zickelbein, Manfred Böttcher und Werner Stötzer überdauerten im stillen Keller den Sozialismus. Im Februar 2000 lösten Restauratoren das „Gastmahl des Wilddiebs" mit Knochenleim, Ochsengalle und Kunstharz von der Kellerwand ab, der Maler Harald Metzkes legte bei dieser Rettungsaktion selbst Hand an.

Nach der Zerstörung des Pariser Platzes in den letzten Tagen des Zweiten Weltkriegs gab es im Akademiegebäude noch einige nutzbare Räume, insbesondere die großen Oberlichtsäle und einige nicht mehr erhaltene Anbauten. Die DDR-Akademie der Künste richtete dort Bildhauer- und Malerateliers ein, auch Archive, ein Fotolabor und eine Lithografiewerkstatt. Prominentester Dauernutzer war der Bildhauer Fritz Cremer. Er arbeitete in seinem Atelier an dem Denkmal für das Konzentrationslager Buchenwald, am „Aufsteigenden" für den Park des UNO-Hauptquartiers in New York oder am Brecht-Denkmal, das 1988 neben dem Berliner Ensem-

ble eingeweiht wurde. Cremers Atelier sei „ein offenes
Terrain der Folgen von Arbeit und Mühen, hier kann
man, so man Augen und Vernunft hat, entdecken – endlos; wohltuend das wilde Chaos von versteinerten Denk-
und Arbeitsvorgängen vieler Jahre", schrieb der Film-
regisseur Konrad Wolf. Weitere prominente Skulpturen
im Stadtbild, die aus den Bildhauerwerkstätten am Pariser Platz stammen, sind das Kollwitz-Denkmal in Prenzlauer Berg von Gustav Seitz oder das Heine-Denkmal
von Waldemar Grzimek. Die direkt an der Sektorengrenze gelegene Akademieruine war Künstlerwerk-
statt, Ausbildungsstätte, Diskussionsforum, kurz eines
der wichtigsten Kunstzentren in der DDR.

Mit dem Mauerbau wurde es ruhiger um das Haus,
aber die Arbeit der Künstler ging weiter. Der Pariser
Platz war nun Sperrgebiet. Damit die Grenztruppen
das Gelände am abgeriegelten Brandenburger Tor besser überwachen konnten, sollten alle Ruinenreste verschwinden. 1963 beschloss das SED-Politbüro, die Akademieruine binnen zwei Jahren abzureißen. Hoch
dekorierte Künstler wie Fritz Cremer konnte die DDR-
Führung allerdings nicht einfach auf die Straße setzen.
Ihnen mussten geeignete Ausweichquartiere angeboten werden – und das war besonders im Fall der Bildhauer schwierig. Die Akademiemitglieder zeigten
wenig Neigung, das nach der Nazizeit für die Kunst
zurückeroberte Haus zu räumen. Ihrer Verzögerungs-
taktik ist es zu verdanken, dass der von der Staatsführung beschlossene Abriss immer wieder aufs Neue ver-
tagt werden musste – bis es die DDR nicht mehr gab.
Danach gründeten Mitarbeiter einen Verein, der sich
erfolgreich für die Rettung der Ruine einsetzte.

Die Archivarin Petra Uhlmann stieß bei ihren For-
schungen zur Nutzung des Akademiegebäudes auch
auf die Spuren eines vertuschten Verbrechens. Seit
1966 befanden sich im Bereich des heutigen Max-
Liebermann-Saals Wachräume für Grenzsoldaten der
Nationalen Volksarmee. Die damals eingezogenen
Wände haben helle Streifen auf dem Steinboden hinterlassen. Am 2. Oktober 1971 schreckte ein Grenzzwischenfall die Soldaten auf, über den die Tageszei-
tung „Die Welt" zwei Tage später kurz berichtete:

„Ein nach Angaben der Westberliner Polizei offen-
sichtlich geistig verwirrter, etwa 25-jähriger Westberliner ist am Samstagvormittag über die Sperrmauer am
Brandenburger Tor in den Ostsektor geklettert. Der
Unbekannte habe, als er auf der Sperrmauer stand,
‚Freiheit für Deutschland' und ‚Willy ist der Größte'
gerufen. Eine Westberliner Funkstreife habe noch versucht, den Mann zur Rückkehr zu überreden. Der
Unbekannte sei jedoch auf Ostberliner Gebiet gesprun-
gen und dort festgenommen worden."

Dieter Beilig war schon durch viele Protestaktionen
gegen die Mauer aufgefallen. 1941 geboren, ohne Vater
aufgewachsen, galt der Junge als schwer erziehbar. Er
besuchte die Schule nur bis zur 7. Klasse und schlug
sich als ungelernter Hilfsarbeiter durch. Der Mauerbau
machte ihn zum politischen Aktivisten, er organisierte
Demonstrationen und plante Sprengstoffanschläge an
der Grenze. Im Dezember 1964 kletterte er an der Hein-
rich-Heine-Straße über die Mauer, wurde festgenommen und im Osten wegen „staatsfeindlicher Hetze und
Terror" zu zwölf Jahren Zuchthaus verurteilt. Zwei Jahre später wurde Beilig vom Westen freigekauft.

Am Morgen des 2. Oktober 1971 balancierte Dieter
Beilig etwa dreißig Meter auf der Mauerkrone vor dem
Brandenburger Tor, ehe er von vier Grenzsoldaten festgenommen wurde. Sie brachten ihn ins südliche Tor-
haus, wo sie ihn flüchtig durchsuchten. Auf dem Weg
zum „Führungspunkt" in der Akademie der Künste riss
Beilig sich los und rannte in Richtung Hinterlandmauer an der heutigen Wilhelmstraße. Dort stellten ihn die
Grenzer und brachten ihn auf die Wache. Sie durchsuchten ihn erneut, fanden aber weder Werkzeuge
noch Waffen. Bei seiner Vernehmung sprang Beilig
plötzlich auf und öffnete ein Fenster, um zu fliehen.
Aus zwei Metern Entfernung schoss ein Bewacher aus
seiner Maschinenpistole in den Rücken des Wehrlosen.
Dieter Beilig starb noch auf dem Transport ins Polizei-
krankenhaus an der Scharnhorststraße.

Der Zwischenfall bereitete der DDR-Staatssicherheit
erhebliches Kopfzerbrechen, weil Beiligs Sprung über
die Mauer und sein Abtransport von zahlreichen Augen-
zeugen beobachtet worden waren. Bundesrepublik und
DDR befanden sich 1971 auf Entspannungskurs, aus-
führliche Medienberichte über den Tod eines Mauer-
gegners am Brandenburger Tor hätten die deutsch-
deutschen Beziehungen schwer belastet. Wie man
heute aus den Stasi-Akten weiß, strickte der DDR-
Geheimdienst vorsorglich eine Legende, die das Opfer
zum Täter erklärte. In gefälschten Untersuchungsproto-
kollen heißt es, Beilig habe einem Grenzsoldaten die
Waffe entrissen und seine Aufseher damit bedroht. Als
Beweis wurde eine Maschinenpistole mit den Fingerab-
drücken des Toten versehen. Was aus der Leiche geworden ist, bleibt ein Rätsel: Ein Grab wurde nie gefunden.

Museum „The Kennedys"
und US-Botschaft
Amerika am Brandenburger Tor

Ostberlin hat die Vorhänge zugezogen: Das Brandenburger Tor ist mit roten Stoffbahnen und einer DDR-
Fahne verhängt. Am 26. Juni 1963 um die Mittagszeit
stoppt an der westlichen Torseite ein langer Wagenkon-
voi. Aus einer offenen Limousine steigen US-Präsident
John F. Kennedy, Bundeskanzler Konrad Adenauer und
der Regierende Bürgermeister Willy Brandt. Sie erklim-
men eine hölzerne Aussichtsplattform, um einen Blick
über die Grenzmauer auf das verhängte Tor zu werfen.

Die abweisende Geste der SED-Führung verfehlt
nicht ihre Wirkung. Sie steht in scharfem Kontrast zu
dem Jubel, der Kennedy während seiner mehrstündi-
gen Rundfahrt durch Westberlin überall entgegen-
schlägt. Bei seiner Rede vor dem Schöneberger Rathaus
fällt der Hauptdarsteller des minutiös durchgeplanten
Medienspektakels aus der Rolle: Für die Mauer und

ihre Erbauer findet Kennedy viel härtere Worte als vorgesehen. Sein Besuch sollte den Westberlinern Mut
machen, aber nicht die Ost-West-Spannung erhöhen.
Nun geißelt er die Mauer als „abscheulichsten und
stärksten Beweis für das Versagen des Kommunismus".
Kennedys Ansprache mit dem Bekenntnis „Ich bin ein
Berliner" ist ein rhetorisches Meisterstück. An diesem
emotional aufgeladenen Tag wirkt ihr Pathos authentisch und spontan.

Mehr als vier Jahrzehnte später läuft ein Farbfilm
von Kennedys Triumphzug in einer Endlosschleife nah
am Brandenburger Tor. In einer Ecke des wiederauf-
gebauten Pariser Platzes, bis 1989 unbetretbares DDR-
Grenzgebiet, eröffnete 2006 das private Museum „The
Kennedys". Träger ist die börsennotierte Aktiengesell-
schaft „Camera Work", die an der Wertsteigerung ihrer
Fotosammlungen interessiert ist. Neben vielen Fotos der
Kennedy-Familie besitzt die Firma eine Memorabilien-
sammlung. Hemd, Fliege und Krawattennadel des Präsidenten werden in Glasvitrinen wie Gewandstücke
eines Heiligen präsentiert. An einem stark benutzten
Kamm scheinen noch seine Haarschuppen zu haften.
Eine schwarze Hermés-Aktentasche aus Krokodilleder
soll den Präsidenten auf seiner letzten Reise nach Dallas
begleitet haben, wo ihn ein Attentäter keine fünf Monate nach seinem Berlinbesuch niederschoss.

Kennedy war ein politischer Popstar. Jüngster
gewählter Präsident in der Geschichte der USA, der
erste Katholik in diesem Amt, ein Reformer. Er wollte
die Situation der Farbigen verbessern, die amerikanischen Truppen aus Vietnam abziehen und den atoma-
ren Rüstungswettlauf zügeln. Ein sympathischer jun-

ger Familienvater, der anpackt, um die Welt zu verbessern: Dieses Bild vom mächtigsten Mann der Welt begeisterte die Berliner wie die halbe Welt. Die Kennedys wussten, dass ihre Macht davon abhing. Sie versorgten die Presse mit hinreißenden Fotos der spielenden Präsidentenkinder im Oval Office des Weißen Hauses. Kein Schatten sollte auf das leuchtende Bild des Präsidenten fallen. In der Ausstellung ist eine Lesebrille Kennedys zu sehen, es gibt aber keine bekannten Fotos von ihm mit Brille. Zwei Bandagenröllchen weisen dezent darauf hin, dass der dynamische Strahlemann schwer krank war, bis zu zwölf Medikamente am Tag schluckte und sich oft nur mit Hilfe eines Korsetts aufrecht halten konnte.

In der perfekt arrangierten und ausgeleuchteten Ausstellung am Pariser Platz triumphiert der Kennedymythos, man kann sich der Suggestivwirkung der großartigen Fotografien kaum entziehen. Welch ein Witz, dass der Personenkult um Kennedy am Pariser Platz ein schickes, neues Zuhause gefunden hat – und nicht in Westberlin, wo man das eher erwarten könnte. Marx, Engels, Lenin, Thälmann, Ulbricht und Honecker haben im ehemaligen Ostberlin als politische Leitbilder ausgedient, nun feiert Kennedy hier seine Auferstehung als Lichtgestalt!

Amerika ist am Brandenburger Tor angekommen. „Ein Symbol für die Überwindung des Totalitarismus" nannte US-Botschafter William Timken das neue Botschaftsgebäude, das am 4. Juli 2008, dem amerikanischen Unabhängigkeitstag, mit Flaggenparade und Feuerwerk eingeweiht wurde. Bereits 1930 hatten die USA das Palais Blücher am Pariser Platz 2 gekauft,

wegen eines Brandschadens und des Zweiten Weltkriegs jedoch nur kurz als Vertretung nutzen können.
Die Kriegsruine ließ die DDR-Führung abreißen, seit
dem Mauerbau lag das leergeräumte Grundstück im
Todesstreifen. Im wiedervereinigten Berlin wollten die
USA eine neue Vertretung an diesem prominenten Ort
bauen, doch der Wunsch der Stadt nach einem öffentlichen Platz am Brandenburger Tor war mit den amerikanischen Sicherheitsbedürfnissen nur schwer unter
einen Hut zu bringen. Daher vergingen vom Architek-
turwettbewerb, den ein kalifornisches Büro gewann,
bis zur Eröffnung zwölf Jahre.

Um etwas Schwung und Spannung in die Steinfassade zum Pariser Platz hineinzubringen, ließen die
Architekten einen breiten vertikalen Schlitz frei, der
den Blick von der Straße in einen zylindrischen Hof
ermöglicht. Der Eingang wird durch ein wellenförmig
auskragendes Glasdach geschützt. Die Idee, einen eleganten Kontrapunkt zur schweren Steinfassade zu setzen, missglückte durch die plumpe Ausführung. Die
Glasscheiben im Eingangsbereich sind, wie alle Fenster, in extrem klobige Metallrahmen gefasst, die einem
Bombenangriff widerstehen sollen.

Hinter den gepanzerten Türen am Pariser Platz wartet eine Sicherheitsschleuse, wie man sie von Flughä-
fen kennt. Taschen werden durchleuchtet, man muss
Fotoapparat und Handy abgeben. An einer Art Bank-
schalter mit dicken Glasscheiben tauscht man seinen
Personalausweis gegen ein rotes Plastikschild mit dem
Buchstaben „V" für „Visitor". Damit dürfen geladene
Besucher sich in Begleitung eines Botschaftsmitarbei-
ters im Gebäude bewegen und die veritable Kunst-

sammlung in den menschenleeren Fluren bewundern: Collagen von Robert Rauschenberg, Drucke von Sol LeWitt, Roy Lichtenstein, Claes Oldenburg und Jasper Johns. Andy Warhol ist mit drei Porträts des Künstlerkollegen Joseph Beuys vertreten, die Siebdrucke auf schwarzem Grund sind mit funkelndem Diamantstaub gepudert.

Neben einem Aufzug irritiert ein fotorealistisches Gemälde der amerikanischen Künstlerin Annette Lemieux: Sieben Schulkinder und ihre Lehrerin stehen im Halbkreis um einen Konzertflügel, sie haben ihre Oberkörper, Hände und Köpfe daraufgelegt, während eine Frau Klavier spielt. Dort, wo ihr Notenblatt liegen müsste, klafft ein weißes Rechteck in dem Gemälde. „Broken Parts" ist ein Bild über die Stille. Die Kinder sind taub und müssen sich die Welt der Klänge ertasten.

Blickfang im grünen Innenhof zwischen den drei Gebäudeflügeln ist eine schlanke Edelstahlstele, die mit einem Kran hereingehoben werden musste: das zwölf Meter hohe „Berlin Totem" von Ellsworth Kelly. In einer Hofecke steht ein kleines bemaltes Segment der „Grenzmauer 75", ziemlich an den Rand gedrängt, da Kelly die Wirkung seines minimalistischen Totempfahls nicht von einem anderen Kunstwerk gestört sehen wollte. Am Brandenburger Tor ist es das einzige Originalstück der Berliner Mauer weit und breit, gut versteckt und bewacht wie ein Staatsschatz in dieser amerikanischen Festung.

Die Angst vor Anschlägen ist so groß, dass die Botschaft über eine autarke Stromversorgung und eine eigene Aufbereitungsanlage für Regenwasser verfügt.

Es gibt Fitnessräume und eine Bankfiliale. Technik-
räume und Aufenthaltszimmer der „Marine Security
Guard" sind wie Tresore gesichert. In fensterlosen Fluren stellt sich rasch das Gefühl ein, man bewege sich
durch einen Bunker. Die Fenster zur Stadt lassen sich
selbstverständlich nicht öffnen. Die dicken Panzerglas-
scheiben in armdicken Stahlrahmen dämmen die Stra-
ßengeräusche bis zur Unhörbarkeit. Das ist wegen des
starken Verkehrs, der täglichen Demonstrationen und
vielen Großveranstaltungen am Brandenburger Tor
für die rund 400 Botschaftsangestellten ganz bequem
so. Doch als unser freundlicher Begleiter seine Koje in
einem unglaublich ruhigen Großraumbüro zeigt,
seufzt er: „Manchmal wünsche ich mir einen Lautstär-
keregler, um mitzubekommen, was draußen los ist."

   Die Chefetage hat es besser. Ganz oben kann der
Botschafter mit seinen Gästen auf einen Dachgarten
hinaustreten. Die Hochhäuser am Potsdamer Platz, die
Siegessäule, das Kanzleramt, die Reichstagskuppel
lugen über die Bäume des Tiergartens. Die Quadriga
der Siegesgöttin auf dem Brandenburger Tor scheint
zum Greifen nah. Man möchte hinüberspringen, in
den Wagen mit den vier jagenden Rossen klettern und
sich mitreißen lassen in den Himmel über Berlin.

Stasi-Gedenkorte
Zersetzung feindlich-negativer Kräfte

Wer die deutsch-deutsche Grenze überquerte, kam mit der Stasi in Kontakt, das ließ sich gar nicht vermeiden. Denn für die Passkontrolle waren Mitarbeiter des Ministeriums für Staatssicherheit verantwortlich. Sie steckten in Uniformen der DDR-Grenztruppen. Ihre Schulung durch den Geheimdienst erklärt mir in der Rückschau die eisige Atmosphäre dieser kurzen Begegnungen. In den Augen der Stasi war jeder Westler ein Sicherheitsrisiko für die DDR – diese Einstellung war aus jeder Geste und jedem Blick herauszuspüren.

Stasimitarbeiter saßen in den Besucherbüros, in denen wir Westberliner unsere Besuche im Osten vorab beantragen mussten. Die „Firma Horch & Guck" hatte einen totalen Überblick über alle Reisebewegungen zwischen Ost- und Westberlin. Sie konnte unerwünschte Besuche abblocken oder rechtzeitig eine Beschattung organisieren. Der Geheimdienst observierte den Transitverkehr zwischen der Bundesrepublik und Westberlin, jagte Fluchthelfer, bespitzelte Ausgereiste und Geflohene. Er bewachte auch die Bewacher der Mauer: Fahnenfluchten an der Grenze waren keine Seltenheit, da überwiegend Wehrdienstleistende dort eingesetzt wurden, um die Kosten für die Bewachung zu drücken. Von den zuletzt etwa 40 000 Grenzsoldaten der Nationalen Volksarmee war jeder zehnte ein Stasimitarbeiter.

Mauerstraße 38: Die Adresse geht nicht auf die Berliner Mauer zurück, trotz der Nachbarschaft zum ehemaligen Todesstreifen, sondern erinnert an den Verlauf der Berliner Stadtbefestigung um 1700. Vor dem Eingang zur Stasi-Ausstellung steht ein uniformierter Volkspolizist aus Bronze. Stocksteif schaut er einer selbstbewussten Arbeiterin mit Bauhelm überm Haarzopf in die Augen. Ein junger Arbeiter folgt aufmerksam dem stummen Dialog. Die Dreiergruppe warb in den Achtzigern für eine Ausstellung über die Volkspolizei. Die Räumlichkeiten dienen heute als Informationszentrum der Stasi-Unterlagenbehörde, man kann dort auch gleich Anträge auf Akteneinsicht stellen.

Die Dauerausstellung zeigt neben beklemmenden Foto- und Textdokumenten eine komplette Fälscherwerkstatt mit Stempeln und Siegeln zur Herstellung ausländischer Pässe, Wanzen zum Abhören von Wohnungen und geheime Sprechfunkanlagen in Aktenköfferchen. In Weckgläsern stecken Tücher mit Geruchsproben von Staatsfeinden, mit ihrer Hilfe sollten Hunde beispielsweise die Urheber von Schmierereien an der Mauer erschnüffeln. Richtlinien und Dienstanweisungen der Stasi zur Grenzsicherung füllen zwei pralle Aktenordner zum Nachlesen. Im Ausstellungsteil über die Post- und Telefonkontrolle in der DDR sind viele Postkarten mit Ansichten der Berliner Mauer von Westen zu sehen. Touristen machten sich einen Spaß daraus, solche Motive in Ostberlin in die Briefkästen zu stecken. Doch die Mauerpostkarten erreichten ihre Empfänger nie. Die Stasi kontrollierte heimlich 90 000 Postsendungen pro Tag und zog solche Bildmotive sofort aus dem Verkehr.

Die Schattenarmee des seit 1957 amtierenden Ministers für Staatssicherheit Erich Mielke beschäftigte am Ende der DDR-Zeit etwa 91 000 hauptamtliche und 174 000 inoffizielle Mitarbeiter. Sein Apparat überwachte alle Lebensbereiche, verfolgte Oppositionelle und war die wichtigste Stütze der SED-Diktatur. Mielkes Büro ist im Originalzustand in der ehemaligen Stasi-Zentrale an der Normannenstraße zu besichtigen. Auch Führungen durchs Archiv werden dort angeboten. 180 Kilometer Akten hat die Stasi hinterlassen. 16 000 Säcke mit Aktenschnipseln warten darauf, zusammengepuzzelt zu werden. Dass nicht noch mehr Akten vernichtet wurden, ist ein Verdienst der DDR-Bürgerrechtler, die am 15. Januar 1990 zu einer Besetzung der Stasi-Zentrale aufriefen. Sie erkämpften ein Bundesgesetz, das Opfern, Journalisten und Wissenschaftlern den Zugang zu den Stasi-Akten sichert. Dadurch hat sich das Wissen um die Vorgänge an der Mauer stark erweitert: Es waren Stasimitarbeiter, die alle Grenzzwischenfälle genauestens dokumentierten und untersuchten.

Auf DDR-Stadtplänen war der große Straßenblock zwischen Frankfurter Allee, Rusche-, Normannen- und

Magdalenenstraße wie ein ganz gewöhnliches Wohn-
gebiet eingezeichnet. Dass hinter den hermetisch
gegen Blicke von draußen abgeriegelten Häuserfron-
ten die Zentrale der Staatssicherheit saß, sprach sich
jedoch herum. Die Liedermacherin Bettina Wegner,
die wegen „staatsfeindlicher Hetze" in der Magdalenenstraße verhört worden war, widmete „Magdalena"
in den Siebzigern sogar ein Lied:

> *Magdalena war so schwarz*
> *und hatte große Hände*
> *wen sie liebte*
> *streichelte sie in die Wände*
> *weiß und kalkig ward ihr Liebster endlich noch*
> *dabei liebte Magdalena jeden doch.*

Nördlich der Stasi-Zentrale, in Hohenschönhausen an
der Genslerstraße, existierte ein noch geheimerer
Stadtteil. Er war auf keiner Karte verzeichnet. Dort
arbeiteten hinter einer inzwischen abgerissenen Mauer etwa 2500 Stasimitarbeiter. In Spezialwerkstätten
des „Operativ-Technischen Sektors" stellten sie Abhör-
technik, versteckte Fotoapparate und Nachschlüssel
für Wohnungen her. Es gab ein Kriminaltechnisches
Institut, eine für die Bewaffnung des Geheimdienstes
zuständige Abteilung, ein Rechenzentrum und eine
Stasi-Autowerkstatt. Die Zentrale Ermittlungsabtei-
lung bereitete Strafverfahren gegen Oppositionelle,
Fluchthelfer und Grenzverletzer vor. Im wichtigsten
Untersuchungsgefängnis der DDR saßen fast alle
namhaften Kritiker des Systems ein, wie Rudolf Bahro
und Bärbel Bohley, aber auch viele Menschen, die das

Land einfach nur verlassen wollten und dadurch ins Visier der Stasi gerieten. Insgesamt 72 000 DDR-Bürger kamen wegen Fluchtversuchen in Haft. 34 000 Gefangene kaufte die Bundesregierung frei, dafür zahlte sie umgerechnet 1,75 Milliarden Euro – für die DDR ein lukratives Devisengeschäft.

Die Fernsehmoderatorin Edda Schönherz zählt zu den ehemaligen Häftlingen, die Besucher durch das Untersuchungsgefängnis in Hohenschönhausen führen. 1974 nutzte sie einen Urlaub in Budapest, um sich in den Botschaften der Bundesrepublik und der USA nach Ausreisemöglichkeiten für ihre Familie zu erkundigen. Da die Vertretungen abgehört wurden, war ihre Karriere beim DDR-Fernsehen damit beendet. Es folgten Bespitzelung, Verhaftung und monatelange Untersuchungshaft in Hohenschönhausen. Wegen „staatsfeindlicher Verbindungsaufnahme" und „Vorbereitung zum Verlassen der DDR im besonders schweren Fall" (sie wollte ihre Kinder mit in den Westen nehmen) lautete das Urteil auf drei Jahre Zuchthaus. Erst nach Verbüßung der Strafe sah sie ihre Kinder wieder.

Ausreisen durfte Edda Schönherz nicht gleich, da sie bereits im Fernsehen der DDR zu sehen gewesen war. Erst 1979 ließ sie der Staat ziehen. Sie fand eine Anstellung beim Bayerischen Rundfunk, sehr zum Ärger der DDR-Führung. Wieder auf dem Bildschirm zu erscheinen, war ein Sieg für Edda Schönherz. Aber „die Narben auf der Seele", sagt sie, seien davon nicht verschwunden.

Die eloquente Dame führt ihre Gruppe, die überwiegend aus sehr jungen Touristen besteht, ins „U-Boot", einen 1947 vom sowjetischen Geheimdienst

eingerichteten Zellentrakt im ehemaligen Kellerlager
einer Großküche. Die lichtlosen Zellen waren meistens
mit Häftlingen überfüllt, die Luft knapp, brutale Fol-
termethoden üblich. Viele Insassen starben. 1951 übernahm das Ministerium für Staatssicherheit das Gefängnis. Im Kellergefängnis schmorten in Ungnade gefal-
lene SED-Genossen wie der „Aufbau"-Verleger Walter
Janka, der Philosoph Wolfgang Harich oder der ge-
stürzte DDR-Justizminister Max Fechner.

Edda Schönherz saß im 1961 fertiggestellten Neu-
bautrakt mit über hundert „Verwahrzellen" und ebenso vielen Vernehmerzimmern, wo verfeinerte Folter-
methoden angewandt wurden, die nicht so sichtbare
Spuren hinterließen. In getarnten Lieferwagen trafen
die Verhafteten ein. Sie wussten nicht, wo sie sich
befanden. In einer fensterlosen Garage wurden sie aus-
geladen. Für das Gefängnispersonal waren sie nur eine
Nummer. In den Einzelzellen brannte Tag und Nacht
das Licht, durch die Glasbausteine der Fenster sah man
die Außenwelt nur verschwommen. Die Häftlinge durften nicht schreiben, nicht lesen und sich tagsüber
nicht hinlegen. Nachts mussten sie auf dem Rücken liegen, Kopf zum Licht, Hände auf der Decke. Alle paar
Minuten öffnete sich ein Guckloch in der Tür. Monate-
lang saßen die Häftlinge ohne Kontakt zu Mitgefange-
nen, Angehörigen oder Anwälten in Haft, ohne Hoffnung, bald entlassen zu werden. Sprechen durften sie
nur mit ihren Vernehmern. Kooperierten sie, wurden
sie mit Hafterleichterungen belohnt, zum Beispiel
einer „erweiterten Liegeerlaubnis" oder längeren Auf-
enthalten im Freien. Dafür gab es die „Tigerkäfige",
enge Verliese mit einem Maschendrahtzaun vor dem

Himmel. Wer bei der endlosen Psychofolter durch Isolationshaft, Schlafentzug, Schikanen und zermürbende Verhöre den Verstand verlor, wurde in eine nachtschwarze Gummizelle im Keller gesperrt.

In der Stasisprache hieß das „Zersetzung feindlichnegativer Kräfte". Der Schriftsteller Jürgen Fuchs war überzeugt, dass ihm die Staatssicherheit in Hohenschönhausen radioaktive Substanzen ins Essen mischte oder ihn heimlich mit Röntgenapparaten bestrahlte. Nach der Ausreise nach Westberlin wurde er weiterhin von der Stasi terrorisiert. Er starb 1999 an Krebs, wie kurz zuvor der Systemkritiker Rudolf Bahro und der Liedermacher Gerulf Pannach.

Auf den Gefängniskorridoren und in den Vernehmerzimmern ist am Tag der deutschen Wiedervereinigung die Zeit angehalten worden. Die spießigen Tapeten und Gardinen, der Plastefußboden und die Stahlrohrstühle, die grauen Telefone auf den glatten Holzimitatschreibtischen – das alles verströmt noch die dumpfe Atmosphäre einer ganz gewöhnlichen DDR-Behörde. Ähnlich sah es auf den Ämtern oder in den Kontrollbaracken an den Grenzen aus. Das denkmalgeschützte Untersuchungsgefängnis hinter hohen Mauern, Wachtürmen, Signal- und Stacheldraht ist eine DDR en miniature.

Nicht wenige einstige Stasimitarbeiter wohnen noch in der Nachbarschaft, sie haben sich selbstständig gemacht – als Techniker, Ärzte, Bodyguardausbilder – oder verzehren ihre Staatsrenten. Immer öfter tauchen sie bei öffentlichen Veranstaltungen auf und werfen der Stasibehörde und der Gedenkstätte in Hohenschönhausen dreist Geschichtsfälschung vor. Es sei doch alles gar nicht so schlimm gewesen, außerdem habe die Stasi sich immer an die Gesetze der DDR gehalten. Die Opfer fühlen sich verhöhnt. Edda Schönherz fällt es nicht leicht, als Zeitzeugin durch das Gefängnis zu führen. Aber sie hält es für notwendig und es sei auch eine Art Therapie.

Grenzübergang Chausseestraße
Eine Mauer für den Bundesnachrichtendienst

Niemand beachtet die Wiedervereinigung. Übersehen steht sie in einer Parkanlage an der ehemaligen Berliner Sektorengrenze. Zwischen hohen Bäumen erscheint die Skulptur kleiner, als sie ist. Zwei überlebensgroße Steinfiguren aus Muschelkalk beugen sich weit vor, um sich die Hände zu reichen. Sie bilden eine Brücke, unter der man hindurchgehen kann wie durch ein Tor. Welche der beiden Zwillingsgestalten aus dem Osten, welche aus dem Westen kommt, ist nicht zu sagen.

Die Skulptur mit dem Titel „Wiedervereinigung" im Park an der Liesenstraße, Ecke Chausseestraße, gab der Senat schon vor dem Mauerbau bei der Bildhauerin Hildegard Leest in Auftrag. Das Monument gegen die Spaltung von Deutschland und Berlin sollte in Sichtweite des Ostsektors stehen. Davon fühlte sich die DDR-Führung provoziert. Zum Einweihungstermin am

20. November 1962 ließ sie Lautsprecherwagen anrollen, um die Reden während der Zeremonie zu stören. Im Westen drehte daraufhin das mobile „Studio am Stacheldraht" seine Verstärkeranlagen auf. Solche lautstarken Propagandaduelle über den Stacheldraht hinweg waren damals an der Tagesordnung.

Gegenüber der Grünanlage mit dem Denkmal steht eine bunte „Total"-Tankstelle. Große Werbebanner versprechen „Tanken mit Zufriedenheitsgarantie" und eine „Lotuswäsche mit dem Abperleffekt aus der Natur". Diskreter sind die Hinweise, dass sich genau an dieser Straßenecke bis 1990 der Grenzkontrollpunkt Chausseestraße befand. Im Straßenbelag um die Tankstelle sind die Umrisse laufender, hockender und springender Kaninchen zu entdecken. Den „friedlichen und subversiven Bewohnern des Todesstreifens" setzte die Künstlerin Karla Sachse damit 1999 ein Denkmal, finanziert wurde es vom Senat, der einen Kunstwettbewerb zur Markierung der ehemaligen innerstädtischen Grenzübergänge ausgelobt hatte.

„Die Arbeit behauptet überzeugend ihre Autonomie gegenüber den Zumutungen der politischen Didaktik", lobte die Jury die Kaninchen. Damals, im Jahrzehnt nach der Wiedervereinigung, waren allzu eindeutige Fingerzeige auf die Mauertopografie unerwünscht. Inzwischen hätte eine so spielerische Installation kaum noch Chancen auf Realisierung. Stattdessen wird das Netz der didaktisch aufbereiteten Informationen am Mauerstreifen immer dichter geknüpft. Inhaltlich und gestalterisch besonders gelungen sind die zwei Meter hohen Glastafeln des Projekts „Geschichtsmeile Berliner Mauer" mit historischen Fotos und Texten in

Deutsch, Englisch, Französisch und Russisch. Auch an der Tankstellenecke erklärt eine solche Tafel knapp und anschaulich, was man nicht mehr sieht.

Der Grenzübergang Chausseestraße stand nicht im Zentrum des Weltinteresses wie der Checkpoint Charlie. Fast geräuschlos diente er dem kleinen Grenzverkehr der Westberliner. Die trügerische Ruhe wurde wenige Monate vor der Mauereröffnung unerwartet durch Schüsse zerrissen. Zwei Männer übersprangen am 8. April 1989 einen Schlagbaum und rannten in Richtung Westberlin. Als Passkontrolleure Warnschüsse abfeuerten, hielten die Fliehenden inne und ließen sich abführen.

Zu diesem Zeitpunkt kursierte das Gerücht, an der Mauer werde nicht mehr geschossen. Im Dezember 1988 hatte Staatschef Erich Honecker in einem Gespräch mit dem Ständigen Vertreter der Bundesrepublik in der DDR gesagt, an der Grenze würden künftig nur noch Warnschüsse abgegeben. Die Kunde wurde dem 20-jährigen Chris Gueffroy zum Verhängnis. Im Vertrauen darauf, dass ihm nicht viel passieren könne, versuchte er in der Nacht vom 5. zum 6. Februar 1989 die Sperranlagen zwischen Treptow und Neukölln unweit des Grenzübergangs Sonnenallee zu überklettern. Er starb im Kugelhagel der Grenzwächter. Der Vorfall schadete dem internationalen Ansehen der DDR so sehr, dass Honecker zum Taktieren gezwungen war: „Lieber einen Menschen abhauen lassen, als in der jetzigen politischen Situation die Schusswaffe anzuwenden". Seit dem 3. April 1989 wurden die Grenzsoldaten mündlich angewiesen, bei Fluchtversuchen nicht mehr zu schießen.

Die beiden Männer, die fünf Tage später über den Grenzkontrollpunkt Chausseestraße in Richtung Westberlin rannten, glaubten ungeschoren davonzukommen. Doch die Passkontrolleure, die ihre Pistolen zogen, hatten von der Aufhebung des Schießbefehls keine Ahnung. Sie unterstanden dem Ministerium für Staatssicherheit. Und der Geheimdienst wusste entweder nichts von Honeckers Geheimbefehl oder hatte diese Information nicht rechtzeitig an seine Mitarbeiter weitergegeben.

In Sichtweite des früheren Grenzübergangs wird 20 Jahre danach eine neue Geheimdienstzentrale für 4000 Mitarbeiter gebaut. Man hat sich in Berlin an Großbaustellen gewöhnt, sie symbolisieren den Aufschwung nach dem Mauerfall, doch der 200 Meter lange Bauzaun an der Chausseestraße weckt spontan unangenehme Empfindungen. Hinter der glatten, fugenlosen Spanplattenwand sind Lichtmasten aufgereiht wie seinerzeit im Todesstreifen der DDR-Grenzanlagen. Videokameras speichern jede Bewegung um den Bauzaun: Big Brother is watching you! Es gibt nicht die kleinste Ritze, durch die man hineinspähen könnte. Geheimdienste wollen möglichst alles sehen, ohne gesehen zu werden.

Der Bauplatz ist größer als das Straßenkarree der alten Stasi-Zentrale in der Normannenstraße. Der DDR-Volksmund nannte das Gelände an der Chausseestraße früher Zickenwiese. Der Spitzname bezog sich auf den Spitzbart Walter Ulbrichts, Namensgeber des 1950 dort gebauten Stadions für 70 000 Zuschauer. Im Walter-Ulbricht-Stadion fanden propagandistisch wichtige Sportereignisse wie die Weltjugendfestspiele statt.

Nach der Entmachtung Ulbrichts wurde es 1973 in „Stadion der Weltjugend" umbenannt.

Auch der U-Bahnhof an der Chausseestraße trug seither diesen Namen. Allerdings durfte ihn schon seit 1961 kein Sportfan mehr benutzen, um ins Stadion zu gelangen. Seit dem Mauerbau war er ein Geisterbahnhof, durch den die Züge der Westberliner U-Bahn-Linie 6 langsam hindurchfuhren, ohne anzuhalten. Nur Passagiere aus dem Westen bekamen die neuen Stationsschilder mit der Aufschrift „Stadion der Weltjugend" tief unter der Erde zu Gesicht. Das Dämmerlicht auf dem menschenleeren Bahnsteig verbreitete eine unheimliche Stimmung. Eine Szenerie, die an Agentenfilme aus dem Kalten Krieg erinnerte, auch noch als über der Erde längst Tauwetter herrschte. Als U-Bahn-Passagier aus dem Westen war ich immer erleichtert, wenn die Züge eine Station hinter dem Geisterbahnhof wieder halten durften.

Er heißt heute wieder Schwartzkopffstraße wie vor dem Zweiten Weltkrieg und ist ein ganz unscheinbarer Bahnhof. Das Stadion der Weltjugend ließ der Senat abreißen, um dort eine zentrale Sporthalle für die Olympischen Spiele im Jahr 2000 in Berlin zu bauen. Daraus wurde aber nichts. Dann hatte der Bundesinnenminister die Idee, den Bundesnachrichtendienst aus Pullach in die Nähe von Regierung und Parlament zu verpflanzen. Es soll einen regelrechten Aufstand gegen die Umzugspläne unter den Mitarbeitern gegeben haben. Sie wären lieber in den bayerischen Wäldern geblieben. Geheimdienste arbeiten nun mal am liebsten in aller Stille.

Friedhöfe an der Liesenstraße
Wanderung zu Fontanes Grab

Das Grab Theodor Fontanes zu besuchen, ist heutzutage ganz einfach. Man fährt mit der U-Bahn bis Schwartzkopffstraße, geht die Chausseestraße hoch bis zur Liesenstraße, biegt rechts ein und läuft bis zum Eingang des Französischen Friedhofs. Dann geradeaus bis zum Hinweisschild, nach rechts und da ist es schon. Vor dreißig Jahren allerdings hätte man auf diesem kurzen Fußweg zweimal die Berliner Mauer übersteigen müssen. Denn der Friedhof gehörte zur Hauptstadt der DDR, die Liesenstraße zu Westberlin. An Fontane war kaum heranzukommen.

Der Spaziergänger Heinz Knobloch verschaffte sich im Jahr 1978 einen Passierschein zu Fontanes Grab. Als Vorwand diente ihm dessen 80. Todestag. Dutzende von Telefonaten waren notwendig, eine Fotoerlaubnis für den hartnäckigen Journalisten aus der Redaktion der

Ostberliner „Wochenpost" gab es nur beim Ministerium für Nationale Verteidigung. Knoblochs langer Bericht über seine „Wanderung zu Fontanes Grab" erlangte eine gewisse Berühmtheit, weil er eine Tabuzone beschrieb. Üblicherweise hatten Autoren in der DDR über die Mauer gefälligst den Mund zu halten, es sei denn sie lieferten Argumente dafür, dass sich die DDR hinter ihrem „antifaschistischen Schutzwall" verschanzte.

Mit der U-Bahn konnte Knobloch nicht zu Fontane reisen, denn die Eingänge der Station Schwartzkopffstraße waren vermauert. Er kam mit der Straßenbahn, die in einer Gleisschleife vor der Mauer wendete. Noch heute kurvt sie durch drei verschneite Nebenstraßen mit Mietshäusern: die Schwartzkopff-, Pflug- und Wöhlertstraße. In der Pflugstraße machen die Straßenbahnfahrer regelmäßig ein Päuschen, rauchen eine Zigarette und besuchen ihr stilles Örtchen. Folgt man ihnen indiskret durch die Auffahrt zwischen den Häusern Pflugstraße Nummer 6 und 7, steht man unversehens auf einem Hinterhof direkt an der früheren Grenze. Ein ockerfarbener Flachbau erinnert an die Baracken an Transitstrecken und Grenzkontrollpunkten. Er schließt die Lücke zwischen dem Querflügel einer kaiserzeitlichen Mietskaserne und einem verfallenden Industriegebäude aus Backstein. Rechts davon ist ein langes Stück Hinterlandmauer als Hofbegrenzung stehen geblieben. Im Gestrüpp hat sich sogar noch der Rest eines Geländers mit rot-weißen Lackresten erhalten. An dieser Linie begann für Anwohner die verbotene Zone, dahinter wurde geschossen. Davor trockneten sie ihre Wäsche; die typischen Eisenständer für die Wäscheleinen stehen noch da.

Der Grenze so nah kam man als DDR-Bürger nur mit
Sondergenehmigung. Für Besucher mussten die Anwohner eigens Passierscheine beantragen. Und was war mit
den Angehörigen der Toten, deren Gräber an der Grenze
lagen? Sie mussten eine graue Grabkarte vorzeigen,
wenn sie die Kontrollstelle am Friedhofseingang passieren wollten. Genehmigungen für Touristen gab es nicht.
Der „Passierschein zum vorübergehenden Aufenthalt
im Schutzgebiet", den sich Heinz Knobloch als Journalist besorgte, galt nur für einen bestimmten Tag. Sein
Weg zu Fontanes Grab führte durch einen versteckten
Hintereingang des Französischen Friedhofs: „So stellten
wir uns als Kinder das Himmelstor vor. Etwas prächtiger
zwar und mit weißen Wolkenbergen zu beiden Seiten.
Bei weitem nicht jeder, der hineinkam, durfte hinein."
Die Verbotszone als Paradies – die geübten DDR-Leser
wussten, was ihnen der Vergleich sagen sollte.

Um diesen Friedhofseingang zu finden, muss man
über den Privatweg am Ende der Wöhlertstraße gerade-
wegs in den großzügigen Innenhof einer fünfgeschos-
sigen Wohnanlage aus der Kaiserzeit hineinlaufen. Von
dort erst bemerke ich die Lücke zwischen zwei Wohn-
hausflügeln, dahinter hohe Bäume. Ein Tor im Zaun
steht offen, kontrolliert wird nicht mehr. Am ersten
Baum links, einer Pappel, hängt ein kleines Wegweiser-
schildchen mit Pfeil: „Ruhestätte Theodor Fontane".
Eine Fußspur im Schnee führt neben der schnurgeraden Betonmauer her. Sie schirmt den Friedhof gegen
die S-Bahn-Gleise dahinter ab, die früher im Grenzstreifen lagen. Die ehemalige Hinterlandmauer stößt im
spitzen Winkel auf die Liesenstraße, wo, von Gestrüpp
überwuchert, ein kleiner Abschnitt der „Grenzmauer

75" mit runder Mauerkrone erhalten ist. Entlang der Straße ist sie wieder durch eine leuchtend rote Backsteinmauer ersetzt. Geblieben ist ein langer kahler Geländestreifen am Friedhofsrand: der ehemalige Todesstreifen.

Die Grenzsoldaten bewachten ihn von einem verschwundenen Turm an der nördlichen Spitze des Geländes. „Längst haben die Soldaten auf dem Turm den auffälligen Mann bemerkt, der nicht zielstrebig einem Grab zusteuert, sondern umherstreunt, sich suchend umsieht, ein Schlenderer, ein Flaneur, ein Causeur, einer der zu viel Zeit zeigt, Aufschriften liest, sich gar Notizen macht", heißt es in Knoblochs Bericht. Sich im Sperrgebiet so ganz und gar nicht vorschriftsmäßig zu bewegen, wurde in der DDR schon als Akt des Widerstands, als ein Augenblick gelebter Utopie empfunden.

Drei historische Friedhöfe verschiedener Konfessionen gehen an der Liesenstraße ineinander über. Der Alte Domfriedhof St. Hedwig ist der älteste erhaltene Katholikenfriedhof in Berlin, in der Mitte liegt der Hugenottenfriedhof und zur Invalidenstraße hin der Friedhof der protestantischen Domgemeinde. Sie hat im Todesstreifen das goldene Turmkreuz von der Kuppel des Berliner Doms am Lustgarten abgestellt, das kürzlich erneuert wurde. Nicht zu übersehen ist auch der Obelisk für Mitglieder der französischen Gemeinde, die bei Feldzügen auf preußischer Seite starben. Dort lenkt eine Hinweistafel die Schritte zum Grab Fontanes und seiner Frau Emilie. Ein einfaches Doppelgrab mit einem grauen Stein aus der Nachkriegszeit wie tausend andere. Heinz Knobloch spielt die Pointe ganz lässig am Ende seines Berichts aus: „Ja, fast hätte ich vergessen zu erzählen, das Grab Fontanes ist nicht sein Grab. Bei Kriegsende 1945 schlug hier ein Artillerievolltreffer ein im weiten Feld und hat das Grab der Fontanes unwiederbringlich umgepflügt. Das, was heute als Fontanes Grab auf Kosten des Magistrats gepflegt wird, ist ein Kunststück der Friedhofsgärtner und der ersten kulturell bewussten Nachkriegsgeneration."

Bei strahlend blauem Himmel beginnt es zu schneien, ein leichter Wind ist aufgekommen und pustet Schneeflöckchen von den Ästen der Bäume. Zufällig streift mein Blick einen Grabstein, nur wenige Schneestapfen von dem Fontanes entfernt: „Peter Hacks, 1928−2003". Meistgespielter Dramatiker der DDR, auch im Westen, bis er 1976 die Ausbürgerung Wolf Biermanns aus der DDR öffentlich verteidigte. Beide, Biermann und Hacks, übersiedelten vor dem Mauerbau aus dem Westen in die DDR, weil sie dachten, im Osten entstehe ein besseres, ein sozialistisches Deutschland. Mit seiner frechen Schnauze eckte Biermann an, Hacks stilisierte sich zum sozialistischen Klassiker. Ein unverbesserlicher Verehrer Walter Ulbrichts, für den die DDR noch nach dem Mauerfall das gelobte Land blieb. Und der zehn Jahre nach dem Verschwinden der Mauer eine Elegie auf sein Vaterland verfasste, in der es heißt:

Wer kann die Pyramiden überstrahlen?
Den Kreml, Sanssouci, Versailles, den Tower?
Von allen Schlössern, Burgen, Kathedralen
Der Erdenwunder schönstes war die Mauer.
Mit ihren schmucken Türmen, festen Toren.
Ich glaub, ich hab mein Herz an sie verloren.

Invalidenfriedhof
Soldatenland

In der griechischen Mythologie befindet sich am westlichen Rand der Welt der Eingang zum Hades. An der Scharnhorststraße 5 hat ein hübsches Café eröffnet, das sich „Am Ende der Welt" nennt. Schräg gegenüber steht ein Gittertor offen: Dahinter wohnen die toten Helden. Früher hielten Zerberusse in steingrauen Uniformen ungebetene Besucher fern. Von allen Friedhöfen, die für die DDR-Grenzsicherung zweckentfremdet wurden, ist der Invalidenfriedhof der verwunschenste. Wie das antike Totenreich grenzt er an einen Wasserlauf, den Spandauer Schiffahrtskanal.

Der Friedhofspark war einst eine steinerne Nekropole: 6000 Grabstellen zählte 1925 der Friedhofsinspektor, insgesamt etwa 30 000 Menschen wurden auf dem überschaubaren Areal zur letzten Ruhe gebettet. Die Grabreihen unter alten Bäumen sind stark gelichtet,

viele völlig verschwunden. Dafür tragen die erhaltenen
Grabkunstwerke besonders klangvolle Namen, Offi-
zierstitel und Ehrenzeichen. Antike Helme mit Feder-
büschen aus Stein und Bronze und zierliche Siegesgöt-
tinnen schmücken die Ruheplätze toter Krieger.

„Die Überreste des Helden wurden zuerst zu Pil-
gramsdorf bei Lüben in Schlesien beigesetzt und am
7. September 1857 hierher geführt, um unter diesem,
von seinem Geschlechte gestifteten Denkmal weiter zu
ruhen", liest man in goldenen Buchstaben unter einem
prächtigen Brustpanzer, der eines Helden von Troja
würdig wäre. Das Medaillon mit dem Porträt des Gene-
ralleutnants Hans Carl von Winterfeld überziehen fei-
ne Spinnweben. „Gegen die Mengen meiner Feinde
werde ich mich wohl zu verteidigen wissen, aber einen
Winterfeld finde ich nie wieder", klagte Friedrich der
Große, als ihn 1757 die Nachricht vom Tod des Freundes erreichte. Unter Friedrichs kriegerischer Herr-
schaft eröffnete 1748 das benachbarte Invalidenhaus,
dessen zwei Seitenflügel an der Scharnhorststraße 34–
35 heute zum Gebäudekomplex des Bundeswirt-
schaftsministeriums gehören. Der Friedhof nahm die
verstorbenen Kriegsveteranen aus dem Invalidenhaus
auf, aber auch viele Zivilisten und ab 1824 auf königli-
chen Befehl die „Nobilitäten der Armee".

Winterfeld, Friesen, Witzleben: Die Namen klingen
vertraut, weil es die nach den preußischen Heroen
benannten Straßen noch gibt. An der Grabplatte des
Generalfeldmarschalls Alfred Graf Schlieffen fällt
einem der „Schlieffenplan" ein. Tatsächlich war er der
Erfinder der deutschen Offensivstrategie beim Ausbruch des Ersten Weltkriegs. Die Gräber von Hitlers

Rüstungsminister Fritz Todt und Gestapochef Reinhard Heydrich sind spurlos verschwunden, auf Anordnung der Alliierten nach dem Zweiten Weltkrieg.

Friedlich schlummert ein gutmütiger Bronzelöwe auf dem klassizistischen Unterbau des Scharnhorst-Grabmals, ein Gemeinschaftswerk des Architekten Friedrich Schinkel mit den Bildhauern Christian Daniel Rauch und Friedrich Tieck. „Buben zittern bei dem Namen / Edle sprechen Scharnhorst wie ein Amen", dichtete Ernst Moritz Arndt. Der umlaufende Fries auf dem Grabmal zeigt Szenen aus dem Leben des Militärreformers. Gerhard von Scharnhorst ersetzte die preußische Söldnerarmee nach der verheerenden Niederlage gegen Napoleon im Jahr 1806 durch ein modernes Volksheer. Er führte die Wehrpflicht ein und bereitete den Sieg über die französischen Truppen in den Befreiungskriegen vor. Während der Schlacht gegen Napoleons Truppen bei Großgörschen erlitt Scharnhorst eine Schussverletzung, an deren Folgen er 1813 starb.

Jedes Jahr im Juni legen Bundeswehrsoldaten feierlich einen Kranz an Scharnhorsts Grab nieder, wenn sich der rührige Verein zur Pflege des Soldatenfriedhofs zu seiner Jahreshauptversammlung trifft. Eine Fregatte und mehrere Kasernen der Bundeswehr sind nach Scharnhorst benannt. Aber auch die DDR hatte seit 1966 ihren Scharnhorst-Orden, die höchste Auszeichnung für Verdienste um die Landesverteidigung. Dem sozialistischen Scharnhorst-Kult ist es möglicherweise zu verdanken, dass der Invalidenfriedhof überhaupt noch auffindbar ist. Die Gräber waren den Grenzwächtern im Wege. Allein im Jahr 1962 räumten sie 94 Tonnen Grabdenkmäler ab, um freie Sicht zu gewinnen. Im neben dem Spandauer Schiffahrtskanal angelegten Todesstreifen blieb kein einziger Stein stehen, die heutigen Grabmale dort sind allesamt Rekonstruktionen. Eine lange Betonmauer trennte den Todesstreifen vom übrigen Friedhof ab. Die Mauer ist frisch gestrichen: grau mit breiten weißen Feldern, die beim Abschätzen der Entfernungen halfen und vor denen sich Flüchtlinge deutlich abzeichneten.

In den Tagen des Mauerbaus hielt sich die Armee noch im Hintergrund: Die Aktion sollte nicht wie eine Militäroperation wirken, um kein Eingreifen der Westalliierten zu provozieren. Grenzpolizisten des Innenministeriums, unterstützt von Betriebskampfgruppen und Volkspolizei, riegelten am 13. August 1961 die Sektorengrenze ab. Erst einen Monat später wurden rund 40 000 DDR-Grenzpolizisten dem Minister für Nationale Verteidigung unterstellt. Die Einheiten in Berlin folgten erst im August 1962. Im selben Jahr verabschiedete die DDR-Volkskammer ein Gesetz zur Einführung der Wehrpflicht. Nachdem den jungen Männern die Flucht in den Westen verwehrt war, ließ sie sich mühelos durchsetzen.

Im Schutz der Mauer trieb das SED-Regime die Militarisierung der Gesellschaft energisch voran. Fahnenappelle in Schulen und Jugendorganisationen bereiteten die Kinder auf den Wehrdienst vor. Wer sich verweigerte, geriet in eine Außenseiterrolle, musste mit Repressionen und Nachteilen bei der Berufswahl rechnen. 8000 neue Wehrpflichtige jährlich benötigte das 1971 eingerichtete Grenzkommando Mitte, das die Berliner Mauer bewachte. Wer Verwandte im Westen hatte oder aus anderen Gründen als potenzieller Deserteur galt, wurde anderen Einheiten zugeteilt. Ideologische Schulungen vermittelten den Grenzsoldaten ein klares Feindbild. Zu ihrer Ausbildung gehörte das Training im Straßen- und Häuserkampf für eine mögliche Besetzung Westberlins.

Die DDR-Propaganda nutzte gnadenlos aus, dass es auch Mauertote in den eigenen Reihen gab. Der erste Grenzposten starb am 23. Mai 1962 im Grenzabschnitt am Invalidenfriedhof. Dem 14-jährigen Schüler Wilfried Tews gelang es an diesem Tag, durch den Spandauer Schiffahrtskanal nach Westberlin zu schwimmen. Er wurde von Grenzpolizisten entdeckt, die insgesamt 128 Schüsse auf den Jungen abfeuerten, von denen ihn acht trafen. Dennoch erreichte er das rettende Ufer lebend. Westberliner Polizisten gaben dem Schwerverletzten Feuerschutz, um ihn bergen zu können, dabei wurde der 21-jährige Gefreite Peter Göring auf dem Invalidenfriedhof von einem Querschläger tödlich verletzt. Der DDR-Führung kam dieses Maueropfer sehr gelegen. Hier war ein neuer Beweis für die gefährliche Aggressivität des Westens, vor dem die DDR-Bürger durch den „antifaschistischen Schutzwall" behütet werden mussten! Die Propaganda machte aus Göring einen Märtyrer:

Der Feind hat meuchlings Dich erschossen,
Kein Mord hält auf des Friedens Lauf,
Die Lücke schließen wir Genossen,
Für Dich stehn zehn Millionen auf.

endet ein 1962 veröffentlichtes Gedicht auf den Toten. Nach ihm wurden Kinderkrippen, Schulen und Stra-

ßen benannt. Drei weitere Schützen, die an der Schießerei beteiligt waren, mussten sich 40 Jahre später vor
dem Berliner Landgericht dafür verantworten. Sie wurden freigesprochen, weil sich nicht mehr zweifelsfrei
nachweisen ließ, dass sie – anders als Göring – gezielte
Schüsse auf den Flüchtling abgegeben hatten.

Auf dem Invalidenfriedhof, in der Nähe der erhaltenen Hinterlandmauer, sind Schlagzeilen der Propagan-
daschlacht um den Grenzzwischenfall auf Informationstafeln nachzulesen. Zugleich erinnern sie an den
ersten Flüchtling, der durch Schüsse der Grenzposten
ums Leben kam. Günter Litfin starb am 24. August 1961
beim Versuch, durch den Schifffahrtskanal nach Westberlin zu schwimmen – ungefähr an der Stelle, wo heute die oberen Gleise des neuen Hauptbahnhofs den
Wasserlauf überqueren. Der erste Tote an der Mauer
war Litfin allerdings nicht. Zwei Tage zuvor hatte die
58-jährige Ida Siekmann sich tödlich verletzt, als sie
aus ihrer Wohnung im dritten Stock der Bernauer Straße 48 auf den zu Westberlin gehörenden Gehweg vor
dem Haus hinuntersprang.

Den Namen Günter Litfin liest man an mehreren
Gedenkorten in der Stadt. Der älteste Gedenkstein aus
dem Jahr 1962 steht heute an der Sandkrugbrücke über
den Spandauer Schiffahrtskanal, gegenüber vom Hamburger Bahnhof. Seit 2003 ist ein Wachturm, von dem
früher der Todesstreifen am Invalidenfriedhof beobachtet wurde, als Günter-Litfin-Gedenkstätte zugänglich. Allerdings nur in den Sommermonaten, denn das
winzige Mauermuseum auf drei Stockwerken im Winter zu heizen, würde Unsummen verschlingen. Unter-
halten wird es von einem Verein, den der Bruder des

Maueropfers gegründet hat: Jürgen Litfin wurde jahre-
lang von der Stasi bespitzelt und saß wegen „Beihilfe
zur versuchten Republikflucht" in DDR-Gefängnissen.
Als er 1981 endlich nach Westberlin übersiedeln durfte, war seine Gesundheit ruiniert. Mit seinen Freunden
hat der Rentner den Wachturm denkmalgerecht
saniert, ohne finanzielle Hilfe der Stadt in Anspruch
zu nehmen.

Bei dem Turm am Invalidenfriedhof handelt es sich
um die 1963 gebaute Führungsstelle „Kieler Eck". Von
Führungsstellen wurden größere Geländeabschnitte
überwacht und die Posten in den kleineren Beobach-
tungstürmen angeleitet. Hier ging Alarm ein, wenn
jemand die Signalzäune im Grenzstreifen berührte.
Dann rückten Grenzsoldaten von der Führungsstelle
aus, um einen Flüchtling einzufangen. Ins Erdgeschoss
des quadratischen Turms war eine Haftzelle einge-
baut, darüber befand sich ein Mannschaftsraum mit
Feldbetten, ganz oben war das Befehlszentrum mit
Rundumsicht. Leider ist der frühere Blick in Richtung
Invalidenfriedhof durch ein achtstöckiges Wohnhaus
verbaut.

Ehemalige Grenzsoldaten erzählten, der Dienst in
den Wachtürmen sei eine enorme psychische Belas-
tung gewesen. Sie durften weder Radio hören noch
lesen, sondern mussten stundenlang auf den menschenleeren Grenzstreifen starren. Jede Kontaktauf-
nahme mit dem Westen war untersagt. Bei Gesprächen
mit Kameraden war Vorsicht geboten, da alle wussten,
dass sie unter Stasibeobachtung standen. Wenn eine
Wache ohne Zwischenfälle zu Ende ging, waren die
meisten Grenzsoldaten erleichtert.

Museum für Gegenwart
Joseph Beuys im Hamburger Bahnhof

Basalt ist erstarrte Lava aus den flüssigen Tiefen der Erde. Wie geologische Fundstücke liegen 21 längliche Brocken des urzeitlichen Gesteins kreuz und quer in einer menschenleeren Halle. In ihre unebene Oberfläche sind exakt kreisrunde Löcher eingeschnitten, darin stecken mit Filz und Ton ummantelte Steinkegel. Joseph Beuys nannte seine Skulptur „Das Ende des XX. Jahrhunderts". Ein Werk der Hoffnung auf Veränderung sollte sie sein. In die ehemals flüssige, seit Menschengedenken versteinerte Materie pflanzte Beuys etwas Geistiges (den exakten Kreis) und Wärmendes (den Filz) ein. Die Skulptur entstand in den Jahren 1982/83, als Realpolitiker die Hoffnung weitgehend aufgegeben hatten, das Verschwinden der Berliner Mauer noch zu erleben.

Der Hamburger Bahnhof, heute „Museum für Gegenwart" der Nationalgalerie, in dem die Basaltblöcke dauerhaft ausgestellt sind, war damals ein verwunschener Ort im juristischen Niemandsland zwischen Ost und West. Statusfragen hielten die Berliner jahrzehntelang vom Betreten ihres ältesten erhaltenen Bahnhofs ab. 1847 erbaut, war er bereits 1884 stillgelegt worden und diente seit 1906 als Verkehrs- und Baumuseum. Obwohl der Bahnhof für den Eisenbahnverkehr in und um Berlin längst keine Rolle mehr spielte, übertrugen die Alliierten nach dem Zweiten Weltkrieg die Verwaltung des Bauwerks der Reichsbahndirektion in Ostberlin. Sie durfte im Westteil der Stadt Bahnstrecken betreiben, aber kein Museum. So blieb das Verkehrs- und Baumuseum geschlossen, lediglich britische Militärangehörige und Reichsbahner sahen ab und zu nach dem Rechten. Staub und Spinnweben senkten sich auf die Glasvitrinen mit den Eisenbahnmodellen und die ausgestellten Lokomotiven in der großen Bahnhofshalle. Motten zerfraßen die Sitzpolster in den historischen Eisenbahnwaggons. Auf dem Freigelände um das Bahnhofsgebäude wuchs ungestört eine Dornröschenhecke.

Der Bann ließ sich erst 1983 lösen, als die Deutsche Reichsbahn und der Westberliner Senat über die Zukunft der S-Bahn im Westen verhandelten. Die Reichsbahn in Ostberlin wollte die Betriebsrechte an den Strecken im Westen loswerden, da sie von der Mehrheit der Westberliner seit dem Mauerbau boykottiert wurden, sich daher nicht rentierten und stark heruntergekommen waren. Als Zugabe zu den S-Bahn-Betriebsrechten bekam der Senat die Verfügungsgewalt über den Hamburger Bahnhof. Die wertvollen Exponate aus dem alten Verkehrsmuseum übernahm zum größten

Teil das neu gegründete Museum für Verkehr und Technik in Kreuzberg. Der Hamburger Bahnhof wurde zum Museum für zeitgenössische Kunst. Die große Halle bietet reichlich Platz für Installationen wie die „Volkszählung", eine gewaltige Bibliothek aus Bleifolianten von Anselm Kiefer. In der hohen Bahnhofshalle strahlen solche Großskulpturen eine meditative Ruhe aus.

Joseph Beuys gehört neben Bruce Nauman und Andy Warhol zu den Hausheiligen im „Museum für Gegenwart". Ein Medienarchiv im Hamburger Bahnhof sammelt Ton-, Bild- und Videodokumente vom Wirken des Künstlers. Seine provozierenden Statements, seine öffentlichkeitswirksamen Auftritte begreift man heute als wichtigen Teil seines Werks. 1964 schockte der Mann mit dem Filzhut die westdeutsche Öffentlichkeit mit der Forderung, die Berliner Mauer aus ästhetischen Gründen um fünf Zentimeter zu erhöhen. Beuys war damals Professor für Bildhauerei in Düsseldorf und wurde daher vom nordrhein-westfälischen Innenministerium zu einer schriftlichen Stellungnahme aufgefordert. „Wenn ich nach Berlin komme, zerrt man spätestens nach 5 Minuten an mir herum. ‚Waren Sie schon an der Mauer?' Ja, ich kenne die Mauer aus eigener Erfahrung. Ich weiß genau, was das ist, diese Mauer. Weiter erkläre ich mich bereit, dieses Mauerproblem noch in meinem Leben zu lösen, falls man mir die Gelegenheit dazu gibt." Für Beuys war nicht das Bauwerk das Skandalon, sondern die „geistige Mauer" in den Köpfen, die solchen Wahnsinn überhaupt möglich machte: „Begründen Sie durch Selbsterziehung eine bessere Moral im Menschengeschlecht und alle Mauern verschwinden."

In der Eiszeit der Ost-West-Beziehungen nach dem Mauerbau klang das reichlich idealistisch, um nicht zu sagen: spinnert. Doch zwei Jahrzehnte später wurde die Mauer tatsächlich nicht durch Gewalt zu Fall gebracht, sondern durch neues Denken. Die Betonköpfe der SED und ihr mächtigstes Bauwerk wurden von zwei Seiten in die Zange genommen. Die Führung der Sowjetunion unter Gorbatschow wollte das alte Feind-, Block- und Lagerdenken überwinden, sie propagierte zum Unwillen der DDR-Führung „Glasnost" und „Perestroika". Das ermutigte die ostdeutsche Bevölkerung, massenhaft für mehr Demokratie auf die Straße zu gehen. Beuys hat das nicht mehr erlebt, er starb 1986. Aber sicher hätte er sich durch die friedliche Revolution in seiner Haltung bestätigt gesehen, vor einem Monstrum aus Stein, Stacheldraht und Beton nicht den Mut zu verlieren: „Quintessenz: die Mauer als solche ist völlig unwichtig."

Bernauer Straße
Kapelle der Versöhnung

Was auf den ersten Blick nach grobem Beton aussieht, ist meterdicker Stampflehm, vermischt mit Stein-, Ziegel- und Keramikbröckchen. Zahllose Erinnerungssplitter stecken in der fensterlosen Wand um den ovalen Andachtsraum. Sie stammen aus den Trümmern der Versöhnungskirche. Das alte Gotteshaus versperrte den Grenzsoldaten das Schussfeld an der Bernauer Straße und wurde 1985 gesprengt.

Nun hat der beschädigte Altaraufsatz in einer Wandnische der modernen Kapelle der Versöhnung eine neue Bleibe gefunden. Durch eine quadratische Glasscheibe im Boden erkennt man die Fundamente der ehemaligen Apsis und Hohlblocksteine, mit denen die Grenzer im August 1961 eine Kellertür vermauerten. Die Mensa – die mächtige Steinplatte des früheren Altartischs – dient als Bodenplatte für einen schlichten

Altar aus Stampflehm in der Kapelle. Durch ein Fenster in der Decke strömt warmes Tageslicht in das Raumoval.

Um die Mittagszeit läutet draußen eine der drei großen Glocken, die an einem niedrigen Holzgerüst hängen. Sie riefen früher eine große Gemeinde zusammen. Tausend Menschen fasste die neugotische Versöhnungskirche, die im Beisein von Kaiserin Auguste Viktoria am 28. August 1894 eingeweiht wurde. Heute Mittag sind nur zwei Besucher zur Andacht in die schlichte Kapelle gekommen. Ein Mitglied der Versöhnungsgemeinde tritt an den Altar und liest Psalm 126: „Wenn der Herr die Gefangenen Zions erlösen wird, so werden wir sein wie die Träumenden. Dann wird unser Mund voll Lachens und unsere Zunge voll Rühmens sein."

Die regelmäßige Andacht gilt immer einem anderen Maueropfer. Heute wird an den 25-jährigen Werner Probst erinnert, der am 14. Oktober 1961 die Spree durchschwamm und von Grenzposten an der Schillingbrücke erschossen wurde. Wenig ist über ihn bekannt. Vor dem Mauerbau war er Grenzgänger, lebte im Osten und arbeitete im Westen. Er versorgte seit 1959 die DDR-Staatssicherheit mit Informationen aus Westberlin, möglicherweise hat er andere Fluchtwillige verraten. Das Zwiespältige in seiner Biografie wird in der Andacht nicht verschwiegen. Nach der Lesung aus dem Mauertotenbuch schließt die Fürbitte auch die Täter ein, die Mächtigen unserer Zeit und ihre Opfer: „Herr, erbarme Dich!" Das Vaterunser beendet die knappe und würdige Gedächtniszeremonie in der Kapelle.

Rund um den fensterlosen Innenraum läuft ein
ebenerdiger Wandelgang, durchlässig für Wind und
Wetter. Bei Sonnenschein zeichnen die schlanken
Holzstäbe der Außenhülle dünne Licht-und-Schatten-
Linien auf den Asphaltboden. Im Hochsommer steht
das Gotteshaus mitten in einem wogenden Roggenfeld,
das ein Asphaltstreifen durchschneidet: der nach der
Sprengung der alten Kirche angelegte Kolonnenweg
für die Grenzer.

Die Versöhnungskirche erhob sich auf einem
Grundstück im Bezirk Mitte, im sowjetischen Sektor.
Ihr Haupteingang lag an der Bernauer Straße, die
schon zum Bezirk Wedding gehörte, also am französischen Sektor. Im August 1961 spielten sich an der Straße dramatische Szenen ab. Über den Stacheldraht
winkten getrennte Familien und Freunde einander zu.
Menschen sprangen aus den Häusern oder seilten sich
auf die rettende Straße ab. Junge Leute gruben mehrere Fluchttunnel. Die Wohnstraße der kleinen Leute
kam zu Weltruhm.

Die meisten Mitglieder der Versöhnungsgemeinde
lebten in Westberlin. Sie durften ihre Kirche am 13. August 1961 ein letztes Mal betreten, die Gemeindemit-
glieder aus dem Osten feierten elf Tage später dort den
letzten Gottesdienst. Die Wohnhäuser links und rechts
neben der Kirche mauerten die Grenztruppen zu. Nach
und nach wurden sie abgerissen, nur die Kirche im
Todesstreifen blieb stehen. Da sie Eigentum der
Gemeinde in Westberlin war, konnte sie nicht ohne
Einwilligung der Evangelischen Kirchenleitung besei-
tigt werden. Auf Bitten an die Ostberliner Behörden,
die Altarwand, Glocken, Kronleuchter und andere

wertvolle Gegenstände herauszugeben, kam die Antwort: Das sei nur bei einer Abrissgenehmigung möglich. Nach langjährigen Verhandlungen einigten sich Staat und Kirchenvertreter auf ein Tauschgeschäft. Die Versöhnungskirche wurde 1984 in DDR-Volkseigentum überführt und damit zum Abriss freigegeben. Im Gegenzug bekam die Evangelische Kirche ein Grundstück in Hohenschönhausen, um dort ein neues Gemeindezentrum zu errichten.

Die Westberliner Versöhnungsgemeinde besaß seit 1965 ein neues Versammlungshaus, das bewusst schlicht gehalten war, um der unzugänglichen Kirche keine Konkurrenz zu machen. Es entstand in Sichtweite auf der anderen Mauerseite an der Bernauer Straße 111. Im Gemeindesaal ist heute eine Dauerausstellung der Stiftung Berliner Mauer zu sehen. Gedenken, informieren, versöhnen, das alles gehört für den seit 1976 amtierenden Gemeindepfarrer Manfred Fischer zusammen. Seit 1990 kann er die Gottesdienste in der Kapelle der Versöhnung abhalten. Das Gemeindehaus hat als Informations- und Dokumentationszentrum für die Besucher der Bernauer Straße eine neue Bestimmung gefunden.

Vis-à-vis befindet sich die nationale Gedenkstätte der Bundesrepublik für die Opfer der Teilung und der kommunistischen Diktatur. Sie besteht aus einem Stück Vorderlandmauer vom Typ „Grenzmauer 75", einem Stück Hinterlandmauer, Kolonnenweg und Lichttrasse. Zwei Stahlwände quer zum Todesstreifen schneiden dieses Ensemble aus der Umgebung heraus. In den polierten Innenseiten sollte sich das Fragment spiegeln, so war es gedacht, doch das klappt nicht. Die

Metallwände wirken nur grau und trübe. Durch hori-
zontale Ritzen in der Hinterlandmauer lugen die Besucher in das karge Innere des abgegrenzten Grenzstrei-
fenrechtecks. Diese Perspektive konnte zu Mauerzeiten
niemand einnehmen; sie ist so ahistorisch wie die
rechtwinklig zum Grenzverlauf aufgestellten Stahlwände der Gedenkstätte. Wie ist es zu diesem Unfug
gekommen?

Das Deutsche Historische Museum in Westberlin
und das Museum für Deutsche Geschichte in Ostberlin
forderten bereits im März 1990, einen 212 Meter langen Abschnitt der Grenzanlagen an der Bernauer
Straße möglichst vollständig zu erhalten, um der Nach-
welt einen Eindruck von ihrer Brutalität zu ermögli-
chen. Dagegen wehrten sich Anwohner, vor allem die
Ostberliner Sophiengemeinde, deren Friedhof an der
Bernauer Straße für den Todesstreifen teilweise be-
schlagnahmt worden war. Direkt neben der Mauerge-
denkstätte weisen ein rekonstruiertes Stück der alten
Friedhofsmauer, ein Holzkreuz und ein Gedenkstein
darauf hin, dass sich dort noch immer Massengräber
aus dem Zweiten Weltkrieg befinden. Die unbefriedi-
gende Situation an der Bernauer Straße war das Ergebnis einer schwierigen Kompromissfindung zwischen
der Sophiengemeinde und den Befürwortern eines
möglichst vollständigen Erhalts der Grenzanlagen.

Bis 2011 soll ein neues Orientierungssystem auf
dem ehemaligen Grenzstreifen entstehen. An der Bernauer Straße 119, Ecke Gartenstraße, wird ein Informa-
tionspavillon gebaut, der die von der S-Bahn-Station
Nordbahnhof ankommenden Besucher empfängt. Mit
450 000 Menschen pro Jahr rechnet der Senat. Gegen-

über stehen die ersten Stäbe aus Corten-Stahl, die als „Eiserner Vorhang" verlorene Abschnitte der Vorderlandmauer markieren werden. Weitere Informationspunkte aus demselben Material und ein „Fenster der Erinnerung" an die Maueropfer sollen die Gedächtnislandschaft an der Bernauer Straße vervollständigen.

Eine der schönsten Grenzmarkierungen aber wird verschwinden. Sie ist ohne menschliches Zutun entstanden. Im Sommer zieht sich eine grüne Wand aus Birken, Robinien, Sommerflieder und Gestrüpp an der Südseite der Bernauer Straße entlang, etwa einen Kilometer weit zwischen der Versöhnungskapelle und dem Mauerpark am Friedrich-Ludwig-Jahn-Sportpark. Die Bäume sind im Schatten der Vorderlandmauer gekeimt und hörten nicht auf zu wachsen, als diese 1990 vom Erdboden verschwand.

Hinter dem grünen Band liegt der ehemalige Todesstreifen brach. Früher standen hier Häuser, die bis an die Bernauer Straße reichten. Ihre Einfahrten waren im Pflaster des Bürgersteigs noch vor wenigen Jahren genau zu erkennen. Dann baute der Senat die Bernauer Straße zur Hauptverkehrsstraße aus und löschte die letzten Spuren der abgerissenen Häuser im Boden aus. In den kommenden Jahren sollen die Grundstücke erneut bebaut werden. Die ersten Bauschilder werben um Wohnungskäufer. An einigen Stellen sind nur noch hässliche Baumstümpfe von der wildwüchsigen Mauermarkierung am Straßenrand geblieben. So werden weiterhin authentische Spuren der Teilung ausgelöscht und zugleich Millionen Euro für Artefakte ausgegeben, um das Verschwundene in Erinnerung zu rufen.

East Side Park
Kilometerkunst an der Spree

Für Kani Alavi ist es ein großer Tag. Zwölf Jahre hat er Berliner Politikern, Baubehörden und Denkmalschützern in den Ohren gelegen, um das längste Mauerkunstwerk zu retten. Am 15. Oktober 2008 ist der Gründer der Künstlerinitiative East Side Gallery am Ziel. Mit Ansprachen, Sekt und belegten Brötchen wird der Baustart für die Sanierung des größten erhaltenen Mauerfragments in Berlin gefeiert. Ungefähr 1300 Meter zieht es sich an der vielbefahrenen Mühlenstraße in Friedrichshain entlang, parallel zur Spree, die ein unüberwindlicher Grenzfluss war.

Dass Berlin überhaupt noch ein so großes Mauerstück besitzt, verdankt die Stadt 118 Künstlern aus 21 Ländern, die es im Frühjahr 1990 gemeinsam bemalten. Eineinhalb Jahre später stellte das Landesdenkmalamt die längste Open-Air-Galerie der Welt unter

Schutz. Sie ist eine Touristenattraktion, obwohl viele
Bilder kaum noch zu erkennen sind. Schmierereien,
Autoabgase und Witterung haben den Kunstwerken
schwer zugesetzt, die ohnehin nicht für die Ewigkeit
gemalt waren. Nun werden sie vollständig abgetragen
und nach einer Sanierung des Betonuntergrunds völlig neu aufgemalt – ein Verfahren, das nicht alle der
vertretenen Künstler gut heißen.

Kani Alavi hat sein Atelier in Kreuzberg, seit 1980
lebt er in Berlin, aber geboren ist er im Iran. Er war
Meisterschüler an der Hochschule der Künste und malt
hauptsächlich Blumen, Menschen, Landschaften und
Berlinansichten in expressiven Farben. Eines seiner Bilder heißt „Ost-West-Dialog" und zeigt ein Paar, das sich
über die DDR-Grenzmauer hinweg umarmt. Alavi hat
es 1995 auf drei Mauersegmente am Potsdamer Platz
gemalt. Die Bundesregierung schenkte sie den Verein-
ten Nationen, nun stehen sie im UNO-Skulpturenpark
in New York. Alavi hätte gerne auch einen finanziellen
Vorteil davon gehabt, verklagte die Bundesrepublik auf
Entschädigung, unterlag aber vor dem Bundesgerichts-
hof.

Vor der East Side Gallery gibt Alavi an diesem Vormittag Interviews am laufenden Band und posiert mit
Künstlerfreunden für die Fotografen. Besonders umla-
gert ist Thierry Noir, der mit einem schwarzen Pinsel
comicartige Figuren auf ein graues Betonmauerstück
zeichnet. Seine knallbunten Köpfe mit Knollennasen,
Lippenwülsten und Glubschaugen sind auch auf Mau-
ersegmenten am Leipziger Platz, in der Zimmerstraße,
im Alliiertenmuseum und der US-Botschaft ausgestellt. Noir ist der Mauermaler der ersten Stunde. 1982

kam der Franzose als Aussteiger ins eingemauerte Westberlin und fand ein Obdach im besetzten Georg-von-Rauch-Haus am Mariannenplatz. Zwei Jahre später begann er die Vorderlandmauer am Bethaniendamm vor seiner Haustür zu bemalen. Auf der „Grenzmauer 75" entwickelte Noir mit seinen Freunden Christophe Bouchet und Kiddy Citny eine schnelle, serielle Malweise. Die Herausforderung bestand darin, die 3,60 Meter hohe Wand wenigstens bis zur nächsten Straßenecke lückenlos mit Kunst zu überziehen. Das sei kein Graffiti, sagt Noir, sondern: „Kilometerkunst".

In den Sechzigern wurde die Mauer mit Parolen wie „DDR = KZ" oder „Rotfront verrecke!" beschmiert. In den Siebzigern entwickelte sich die Vorderlandmauer zur Wandzeitung der Westberliner Alternativszene. „Atomkraft nein danke", „Kampf dem Überwachungsstaat" oder „Petting statt Pershing" – Sex statt Atomrüstung – lauteten die Forderungen. Auch gekritzelte Liebeserklärungen schmückten den menschenfeindlichen Beton. In den Achtzigern blühte dann die Mauerkunst auf. „Zeitgeist" hieß eine große Ausstellung mit junger Kunst, die 1982 im Martin-Gropius-Bau direkt neben der Mauer an der Niederkirchnerstraße gezeigt wurde. Der dort vertretene Maler Jonathan Borofsky malte einen überlebensgroßen „Running Man" auf die Mauer an der Niederkirchnerstraße. Von da an leuchtete sie zumindest nach Westen immer bunter.

Vier Jahre nach „Zeitgeist" veranstaltete das Haus am Checkpoint Charlie einen Kunstwettbewerb zur „Überwindung der Mauer durch Übermalung der Mauer". Der amerikanische Künstler Keith Haring zeichnete eine lange Figurenkette auf ein Stück am Checkpoint Charlie. Erst kurz zuvor hatte Thierry Noir mit einer Schablone dort 42-mal die New Yorker Freiheitsstatue draufgesprüht. Aber auch Harings Werk blieb nicht lange unversehrt: Ein horizontaler weißer Strich teilte es seit November 1986 auf ganzer Breite. Eine Westberliner Künstlergruppe wollte die gesamte Vorderlandmauer damit markieren. Doch als die Mauermaler in der Nähe des Potsdamer Platzes bei der Arbeit waren, öffnete sich plötzlich eine kleine Tür in der Betonwand. Bewaffnete Grenzer schnappten einen der fünf maskierten Kunstaktivisten und führten ihn ab. Ein DDR-Gericht verurteilte Wolfgang Hasch zu 20 Monaten Haft.

Ganz risikolos war es also nicht, die Vorderlandmauer künstlerisch zu veredeln. Sie stand immer ein paar Meter hinter der DDR-Staatsgrenze, damit die Grenzer davor für Ordnung und Sauberkeit sorgen konnten. Die Westberliner Polizei durfte auf dem schmalen Streifen DDR-Territorium vor der Mauer nicht einschreiten. Die Grenztruppen waren allerdings machtlos, sobald ein Künstler sich auf Westberliner Gebiet rettete, das meist nur ein paar Schritte entfernt begann. Alle Aktionen an der Mauer wurden im Osten aufmerksam protokolliert. Wer sie bemalte oder beschädigte, lief Gefahr, bei der Einreise in der DDR oder auf den Transitwegen von der Staatssicherheit festgenommen zu werden.

Der Künstler Peter Unsicker klebte Masken und Spiegelscherben an die Mauer, um den toten Beton zu beleben und ihn durchsichtig erscheinen zu lassen. Seine 1986 eröffnete Wall-Street-Gallery in der Zimmerstraße 12 lag keine sechs Meter von der Vorderland-

mauer entfernt. Die Galerie existiert noch immer. Im
selben Jahr kam der betagte Friedensaktivist John Run-
nings aus den USA nach Westberlin. Siebenmal kletterte der alte Mann auf die runde Mauerkrone und häm-
merte darauf ein, wurde von DDR-Grenzern festgenommen und wieder in den Westen zurückgeschickt. Ausländer hatten es besser als Deutsche, sie wurden vor-
sichtiger behandelt, um diplomatische Verwicklungen
zu vermeiden.

Die East Side Gallery ist ein später Reflex dieser wilden Jahre. Sie blieb bis zur Grenzöffnung immer blü-
tenweiß, denn sie war nur von Ostberlin zugänglich.
Dass die Hinterlandmauer hier ausnahmsweise der
Vorderlandmauer glich, hatte ästhetische und politische Gründe. Die nebenher laufende Mühlenstraße
war Protokollstrecke. Auf ihr fuhren Staatskarossen
mit DDR-Funktionären und ihren Gästen vom Flughafen Schönefeld in die Stadtmitte. Die glatte und saube-
re Wand verbarg perfekt die Grenzbefestigungen am
Spreeufer.

Ein stiller Winkel ist die Mühlenstraße mit ihrem
vierspurigen Durchgangsverkehr wahrlich nicht. Auf
den kahlen Flächen um die im Herbst 2008 eröffnete
Sport- und Veranstaltungshalle eines US-Investors, die
„O_2-World", soll ein neues Stadtviertel entstehen. Auch
den Geländestreifen zwischen Spree und East Side Gallery wollte der Berliner Senat bebauen. Dagegen wehr-
te sich der Bezirk Friedrichshain-Kreuzberg. Sein
Bezirksbürgermeister Franz Schulz ist stolz, eine Grünanlage mit Schiffsanleger erkämpft zu haben. Die
Open-Air-Galerie schirmt den entstehenden East-Side-
Park gegen den Verkehrslärm ab.

Von der Uferpromenade schweift der Blick über die Spree. Sie erschloss hier früher ein Industriegebiet, davon zeugen die alten Fabrikhöfe, Speicher und Hafenanlagen an den Ufern. Auf ganzer Breite gehörte der Fluss zu Ostberlin und wurde seit dem Mauerbau von Patrouillenbooten überwacht. Über die imposante Oberbaumbrücke, ein städtebauliches Prunkstück mit Türmen und Zinnen aus der Kaiserzeit, rollten weder Autos noch U-Bahnen. Nur Fußgänger durften die Grenzübergangsstelle auf der Brücke benutzen. Sie verband Friedrichshain und Kreuzberg, einen Ostbezirk und einen Westbezirk, die nach der Wiedervereinigung zu einer Verwaltungseinheit zusammengezwungen wurden. Für die Spree war das ein Glück: Vom Rand beider Bezirke rückte sie in die Mitte des neuen Verwaltungsgebildes Friedrichshain-Kreuzberg, einer mittleren Großstadt mit rund 268 000 Einwohnern. Jetzt bietet sich die Chance, um das Wasser einen einladenden neuen Stadtteil zu bauen, der von den Bürgern beider Ufer angenommen wird.

Osthafen und Schlesischer Busch
Panorama vom Badeschiff

Ein beleuchteter Vergnügungsdampfer schillert gift-
grün und blau auf nachtschwarzen Wogen. Die Spiege-
lung verdoppelt die Strahlkraft der Lichtreklamen,
Autoscheinwerfer und taghell erleuchteten Baustellen
am Ufer. Bunte Reflexe tanzen auf dem Wasser. Ein
U-Bahn-Zug zieht als heller Streif über die Oberbaumbrücke. Dahinter blinkt der Fernsehturm.

Nur mit einem Handtuch um die Hüften stehen wir
auf einem Steg über dem funkelnden Wasserspiegel.
Die Arme dampfen in der Winterkälte. Eben schwitz-
ten wir noch in der Sauna auf dem Badeschiff. Dabei
erzählte mein Freund, der in der DDR aufwuchs, wie
das gemeinsame Transpirieren früher die Zunge löste:
Immer sei in der Sauna auf den Staat geschimpft worden. Seit der Wiedervereinigung seien die Leute beim
Schwitzen viel schweigsamer.

Drei bläulich und gelblich glimmende Riesenraupen, die auf Wasser schwimmen: Wie eine Lichtskulptur liegt das Badeschiff an Winterabenden auf der Spree. Drei leichte Dächer aus transparenten Kunststoffmembranen schützen die Saunagäste. Im Frühjahr werden diese leichten Dachkonstruktionen abgenommen, die Saunakabinen abtransportiert und die Anlage wird wieder zum Freibad.

Das Schwimmen und Tauchen in der Spree ist am Osthafen leider verboten. Dazu müsste man weiter raus an den Müggelsee fahren. Im 19. Jahrhundert gab es zahlreiche Flussbadeanstalten in der heutigen Stadtmitte. Das Badeschiff auf der Spree ist eine Behelfslösung: ein umgebauter Lastkahn, der wie eine mit Frischwasser gefüllte riesige Badewanne im Fluss schwimmt. Wie das nebenan ankernde Restaurant- und Partyschiff „Hoppetosse", gehört die Badeanstalt zur „Arena", einem privaten Kulturzentrum, das die Backsteinhallen des ehemaligen Omnibusdepots am Ufer wiederbelebt hat.

Die Hallen lagen direkt an der Sektorengrenze und durften deshalb seit dem Mauerbau nur noch von Grenztruppen und Ostberliner Mitarbeitern der städtischen Verkehrsbetriebe betreten werden. Heute spielen dort die Berliner Philharmoniker, wenn ihnen die Philharmonie zu eng wird. Auf dem „Arena"-Areal ist riesig viel Platz für Theater, Popkonzerte, TV-Shows, Kunstmessen, Partys. Der Kopf des privaten Kulturimperiums, Falk Walter, floh Mitte der 1980er Jahre auf abenteuerlichen Wegen aus der DDR. Mit dem Visum eines Freundes reiste er in die Mongolei. Von da schlug er sich bis zur Botschaft der Bundesrepublik in Peking durch, wo er Asyl erbat.

Unmögliches zu versuchen, das ist Walters Erfolgs-
rezept geblieben. Eine so verrückte Idee wie das Badeschiff zu realisieren, war genau seine Sache. Längst ist
es ein Wahrzeichen für das ideensprühende Berlin, das
um den Osthafen neu entsteht. Die „Arena" hat Pio-
nierarbeit geleistet, nun werden auf der anderen Ufer-
seite die historischen Speichergebäude des stillgeleg-
ten Hafens nach und nach umgebaut. Vor allem die
Musik- und Modebranche hat die reizvolle Lage am
Wasser für sich entdeckt.

Der „Allianz"-Versicherungskonzern baute bereits
Mitte der 1990er Jahre einen Wolkenkratzer ans Ufer.
Zum 10. Jahrestag des Mauerfalls spendierte die Firma
ein entsprechend dimensioniertes Kunstwerk, den
„Molecule Man". Drei Menschensilhouetten begegnen
sich auf dem Wasser. Die Aluminiumscheiben sind 30
Meter hoch und durchlöchert, damit sie der Wind
nicht umwirft. Sie symbolisieren die damaligen Bezirke Treptow, Kreuzberg und Friedrichshain, deren Grenzen sich am Osthafen trafen. Ein „Sinnbild menschli-
cher Beziehungen" glaubte der Künstler Jonathan
Borofsky geschaffen zu haben. Doch seine Riesenkerle
sprengen jedes menschliche Maß.

Parallel zur Uferpromenade ragt ein etwa 500 Meter
langer Steg auf massiven Betonpfählen aus dem Wasser. Man kann ihn nicht betreten, weil die Verbindung
zum Ufer an der „Arena" abgebrochen wurde. Die rostigen Gitter und erloschenen DDR-Lampen geben dem
Kai etwas Spukhaftes. Er ist eines der größten Überbleibsel der DDR-Grenzsicherungsanlagen. Soldaten
patrouillierten auf dem nachts hell erleuchteten Steg.
Dort war ein DDR-Zollkontrollpunkt für Schiffe, die in

den Westberliner Landwehrkanal einbiegen wollten oder von dort kamen. Vom Badeschiff aus spürt man besonders deutlich, was der Kai war: eine Mauer auf dem Wasser.

In der Morgendämmerung des 8. Juni 1962 kam es an dieser Stelle zu einer wilden Schießerei. Der größte Ostberliner Ausflugsdampfer „Friedrich Wolf" steuerte von seiner Anlegestelle am Treptower Park auf die Oberbaumbrücke zu. Er hatte eine Sondergenehmigung ins Sperrgebiet einzufahren, denn er sollte Transformatoren vom Osthafen abholen. Doch plötzlich drehte das Schiff nach Süden ab und nahm Kurs auf den Landwehrkanal, nach Westberlin.

Der Kapitän und der erste Maschinist lagen gefesselt unter Deck. Der erste und zweite Steuermann und der Schiffskoch hatten sie unter den Tisch getrunken, um dann das Kommando auf dem Dampfer zu übernehmen. Seine Lebensgefährtin hatte der Koch als Putzfrau verkleidet an Bord geschmuggelt, in einer Tasche versteckte sie ihr zwei Monate altes Baby. Insgesamt 14 Fluchtwillige waren auf dem Schiff. Die waghalsige Aktion war gut vorbereitet, die Westberliner Polizei über den Fluchtversuch vorab informiert. Sie gab Feuerschutz, als DDR-Grenzsoldaten von Booten und vom Kai auf das Schiff schossen. Bei dem Schusswechsel wurden 138 Kugeln abgefeuert. Trotzdem erreichten die Flüchtlinge auf dem Schiff unverletzt den Landwehrkanal. Der Kapitän, der nicht im Westen bleiben wollte, steuerte es nach Ostberlin zurück.

Das nach Westberlin gerettete Baby wuchs heran und wurde Journalist beim Westdeutschen Rundfunk. Der Sender drehte 2006 ein Dokudrama über die

Fluchtaktion. Das Schiff liegt heute fest vertäut im
Rostocker Yachthafen und dient als Labor bei der Erfor-
schung des Orientierungssinns von Robben.

Das Badeschiff der „Arena" schwimmt auf Gewäs-
ser, das von DDR-Patrouillenbooten kontrolliert wurde,
nur ein paar Schwimmzüge von der Nordspitze der
Lohmühleninsel, die schon zu Westberlin gehörte. Die
Insel bildet eine schmale Landzunge zwischen Flutgraben und Landwehrkanal. An den Uferböschungen des
Flutgrabens ziehen sich Holzstege und schwimmende
Pontons entlang, die von den Clubs „Freischwimmer"
und „Club der Visionäre" als Bierterrassen bewirtschaf-
tet werden. Wer die Mücken nicht scheut, kann sich
dort in lauen Sommernächten bis in die Morgenstun-
den unters Volk mischen. Beide Lokale liegen nur ein
paar Meter übers Wasser auseinander, das eine im ehemaligen Ostteil, das andere im ehemaligen Westteil.

In dem neusachlichen Backsteinbau direkt an der
Einmündung des Flutgrabens arbeiten Künstler in
etwa 40 Ateliers. Die Kunstfabrik am Flutgraben küm-
mert sich auch um einen der letzten erhaltenen Grenz-
wachtürme. An der Puschkinallee hat sich der Todesstreifen in einen einladenden Park zum Rumlümmeln,
Joggen und Gassigehen verwandelt. Über Buschwerk
und niedrige Bäume ragt eine ehemalige Führungsstelle der Grenztruppen vom selben Bautyp wie die Günter-Litfin-Gedenkstätte am Kieler Eck. Künstler haben
diesen Turm am Schlesischen Busch nach der Maueröffnung vor dem Abriss gerettet und ein „Museum der
verbotenen Kunst" daraus gemacht.

Ein paar Jahre stand er leer, seit 2005 stellt ihn die
Kunstfabrik am Flutgraben wieder Künstlern in den

Sommermonaten für Klang- und Videoinstallationen, Ausstellungen und Aktionen zur Verfügung. Große Verwirrung stiftete im Frühjahr 2007 ein Projekt des Konzeptkünstlers Georg Klein. Er erfand die „European Border Watch", eine fiktive Organisation, die Bürger der Europäischen Union im Internet aufrief, ehrenamtlich als Grenzwächter aktiv zu werden. Wer die illegale Einwanderung nach Europa bekämpfen wollte, konnte sich registrieren lassen und zu Vorstellungsgesprächen im Grenzturm anmelden. Die satirische Kunstaktion war ein Fingerzeig auf Abschottungsmaßnahmen an den Außengrenzen Europas und eine Reaktion auf neue Ideen aus den USA. Dort hatte der Gouverneur von Texas gefordert, die Grenze zu Mexiko lückenlos von Webcams überwachen zu lassen, um Internetbenutzer an der Jagd auf illegale Einwanderer zu beteiligen.

Keine ganz neue Idee: „Freiwillige Helfer der Grenztruppen" aus der Zivilbevölkerung waren in DDR-Zeiten Teil des Überwachungssystems an der Berliner Mauer. Und schon in den 1980er Jahren träumten Staatsführung und Volksarmee von einer High-Tech-Grenze mit elektronischer Überwachungstechnik, um Schüsse an der Mauer überflüssig zu machen. Nicht aus Menschenfreundlichkeit, sondern um das internationale Ansehen der DDR zu verbessern.

Grenzübergang Waltersdorfer Chaussee
Gänse am Großflughafen

Für Autofahrer, die über die Waltersdorfer Chaussee zum künftigen Berliner Großflughafen brausen, ist das gelbe Ortsschild von Schönefeld der einzige Hinweis auf den ehemaligen Grenzkontrollpunkt für Flugreisende. Kein unübersehbares Erinnerungszeichen unterbricht die frische Asphaltpiste oder den gleichförmigen Rhythmus der neu gepflanzten Alleebäume. Nur wer anhält, bemerkt an der Grenze zwischen den Ländern Berlin und Brandenburg die ehemalige Mauerschneise. Linker Hand sind Bagger und Gärtner damit beschäftigt, einen schmalen Landschaftspark auf dem ehemaligen Grenzland zwischen Rudow und Altglienicke anzulegen. Rechter Hand zieht sich der erhaltene Asphaltweg für die Grenztruppen zwischen Rudow und Schönefeld schnurgerade nach Westen, gesäumt von den hohen Lichtmasten für die Beleuchtung des ehemaligen Todesstreifens. Der Kolonnenweg führt an weitläufigen Tiergehegen vorbei. Hühner picken im Sand, eine Herde weißer Mastgänse ahnt noch nichts vom unerbittlich heranrückenden Martinstag. Vier mannshohe graue Straußenvögel rennen übers Feld. Reitpferde und Ponys, Ziegen und Schafherden stehen wie in einem Tierpark auf Koppeln links und rechts des Kolonnenwegs, den sich Reiter, Spaziergänger, Rollstuhl- und Fahrradfahrer teilen.

Ein älterer Herr, der Pferde füttert, fängt sofort ein Gespräch über Gott und die Welt an. Schon zu Mauerzeiten, erzählt er, habe er im benachbarten Rudow, das zu Westberlin gehörte, neben seinem Beruf etwas Landwirtschaft betrieben. „Nach dem Mauerfall mussten wir da weg, wegen der Siedlung, die dort hinten gebaut wurde. Und dann bekamen wir nach sehr zähen Verhandlungen mit den Behörden ein Angebot, mit den Tieren hierher umzuziehen. 18 Hektar zu traumhaften Bedingungen." Der Hof ist ein Familienbetrieb, er nimmt Pferde in Pflege, zieht Gänse und Schafe für den Verkauf auf. Auch andere Tierfreunde haben Nachbargrundstücke im ehemaligen Mauerstreifen gekauft oder gepachtet, haben Ställe gebaut und alte Bauwagen abgestellt, die als Wochenendhäuschen dienen. Wie in einem richtigen Zoo hängen Schilder an den Gehegen, die das Füttern der Tiere verbieten. Bei freiem Eintritt ist man vom Grenzkontrollpunkt zwei Kilometer lang auf dem schnurgeraden Asphaltweg unterwegs, bis man den „Dörferblick" erreicht, einen begrünten Berg, der mit stattlichen 86 Metern Höhe zu den höchsten Erhebungen der Hauptstadt gehört. Wie die meisten Gipfel Berlins ist diese Anhöhe aus einem

Trümmer- und Müllberg entstanden und noch zu Mauerzeiten in ein Naherholungsgebiet mit Ausblick auf die Dörfer Großziethen, Waßmannsdorf, Schönefeld und Bohnsdorf jenseits der DDR-Sperranlagen umgestaltet worden. Auch die Starts und Landungen auf dem Flughafen Schönefeld konnten die Westberliner von dort oben zählen.

Als Berlin nach dem Zweiten Weltkrieg zwischen den Sowjets und den Westalliierten aufgeteilt wurde, kamen das Brandenburger Tor und die Straße Unter den Linden, das Rote Rathaus und die Museumsinsel unter russische Kontrolle, nicht aber der Zentralflughafen Tempelhof. In Schönefeld gab es bis dahin nur einen Betriebsflughafen der Henschel-Werke, die in der Nazizeit 14 000 Flugzeuge bauten. Er diente den Sowjets als Militärflugplatz und wurde ab 1947 zum zivilen Flughafen ausgebaut. Schönefeld entwickelte sich zum wichtigsten Flughafen der DDR und war auch für Westberliner interessant, weil von dort aus Ziele in Osteuropa angeflogen wurden, die direkt von Tempelhof und später Tegel nicht zu erreichen waren. Flüge von Schönefeld waren für Westberliner allemal billiger und boten der DDR eine Möglichkeit, durch Westkundschaft an harte Devisen zu gelangen. Der Grenzübergang an der Waltersdorfer Chaussee wurde 1963 eröffnet, um die nötigen Formalitäten abzuwickeln und die Reisenden zu kontrollieren. Busse aus dem Osten sammelten Billigfluggäste in Westberlin ein. Ab 1985 wurden ihre Papiere nicht mehr am Grenzübergang, sondern im Flughafen selbst kontrolliert. Die Staatssicherheit hatte in Schönefeld alle Hände voll zu tun. Denn auch ins sozialistische Ausland reisende DDR-Bürger

waren grundsätzlich verdächtig, dort mit Bundesbür-
gern Fluchtpläne auszuhecken oder gar eine Maschine
in den Westen zu entführen.

Nach dem Mauerfall gingen die Fluggastzahlen in
Schönefeld zurück, stiegen mit dem Aufkommen der
Billigflieger aber wieder deutlich an. 1996 einigten
sich die Länder Berlin und Brandenburg und der Bund,
gemeinsam einen neuen Großflughafen in Schönefeld
zu bauen. Jahrelange Rechtsstreitigkeiten mit Anwoh-
nern und Baufirmen, die sich beim Vergabeverfahren
benachteiligt glaubten, verzögerten den Baubeginn.
Inzwischen bestimmen rund dreißig rote, gelbe und
blaue Baukräne die imposante Skyline von Schönefeld.
Im Jahr 2011 soll das neue Terminal in Betrieb gehen.
Wenn der neue Großflughafen fertig ist, wird nach
Tempelhof auch der innerstädtische Flughafen Tegel
geschlossen. Mit weit über 20 Millionen Passagieren
pro Jahr rechnen die Flughafenplaner in Schönefeld.
Dass dieser Standort seinen Aufstieg Hitlers Luftrüs-
tung und der späteren Teilung der Stadt verdankt,
dürfte den meisten Fluggästen dann ebenso gleichgül-
tig sein wie den Gänsen, Schafen und Pferden auf dem
Mauerstreifen nebenan.

Naturschutzturm
der Deutschen Waldjugend
Das grüne Klassenzimmer

Die schnurgerade Asphaltstrecke durch den Wald ist eine Traumstrecke für Rollerskater. Neben dem ehemaligen Kolonnenweg schlängeln sich Trampelpfade für Wanderer zwischen jungen Kiefern, die im ehemaligen Todesstreifen ausgepflanzt wurden. Wie breit der früher völlig kahle Geländestreifen war, ist am Höhensprung zum ausgewachsenen Kiefernwald abzulesen. An der Waldkante nach Frohnau stecken bemooste Betonpfähle im Waldboden, die als Grenzmarkierung gedient haben müssen. Leicht bleibt man in rostigen Fußangeln, den Überresten eines Grenzzauns, hängen.

Ein viereckiger Wachturm leuchtet weiß durch die Bäume. Eine typische Führungsstelle der DDR-Grenzsoldaten, exakt gebaut wie die Liftin-Gedenkstätte am Invalidenfriedhof oder der Kunstturm am Schlesischen Busch. Der Turm im Wald, ganz im Norden des ehemaligen Westberlin, trägt keinen Suchscheinwerfer mehr auf dem Dach, sondern bläulich schimmernde Solarzellen. Um ihn herum grünen Lehrbiotope mit Kräutern und Unkräutern, Sumpfpflanzen und Obstgehölzen. Ein kleiner Teich mit Fischen und Fröschen, ein Totholzhaufen voller Käfer und eine Regenwurmkiste dienen Schulklassen aus der Stadt als Studienobjekte. Hier hat sich der Todesstreifen in ein Klassenzimmer unter freiem Himmel für anschaulichen Biologie- und Geschichtsunterricht verwandelt.

Jugendliche engagierten sich in dieser Gegend schon vor dem Mauerfall für den Naturschutz. In Hohen Neuendorf trafen sich die „Ökokekis" – abgekürzt für Ökokellerkinder – im Haus der Brandenburger Lehrerin Helga Garduhn, in Frohnau räumten die „Brummbären" des Westberliner Lehrers Marian Przybilla den Wald auf und pflegten Vogelnistkästen. Nach der Maueröffnung lernten sich die Naturschützer kennen. Sie überredeten die Grenztruppen im Sommer 1990, die geräumte „Führungsstelle Hohen Neuendorf/Bergfelde" nicht abzureißen, sondern sie ihnen als gemeinsamen Jugendtreffpunkt zu überlassen. Handwerksfirmen aus der Umgebung halfen bei der Instandsetzung des Turms und der Anlage der Biotope. Helga Garduhn und Marian Przybilla kümmern sich bis heute um ihr vorbildliches Ost-West-Projekt, beide bekamen für ihre Verdienste um den Naturschutz das Bundesverdienstkreuz.

In Sichtweite des Turms wächst neben dem Kolonnenweg der „Hochzeitswald", dort pflanzen Brautpaare bei ihrer Vermählung einen Baum. Der Brauch belebt eine Tradition wieder, die auf eine Anordnung des Großen Kurfürsten aus dem Jahr 1686 zurückgeht. Der preußische Herrscher hatte in den Niederlanden herrliche Wälder gesehen und wollte auch sein Brandenburg verschönern. Er machte jedem Bräutigam zur Auflage, vor der Eheschließung zwölf Bäume zu pflanzen.

Ein Aushang am Naturschutzturm erinnert an eine Liebesgeschichte unter Jugendlichen, die ganz in der Nähe unglücklich endete. Die 18-jährige Marinetta Jirkowsky, ihr gleichaltriger Verlobter und ein Freund versuchten am 22. November 1980 frühmorgens mit drei Leitern die Grenzanlagen an der Florastraße zu überwinden. Beim Übersteigen des Signalzauns im Todesstreifen lösten sie Alarm aus. Den beiden jungen Männern gelang es, auch die fast vier Meter hohe Vorderlandmauer nach Westberlin zu überklettern, aber Marinetta war nicht groß genug, um mit ihren Händen das obere Ende zu fassen. Einer ihrer Freunde lag auf der runden Mauerkrone, um sie hochzuziehen; in dem Moment traf ein Schuss die junge Frau. Der Freund ließ sich in den Westen fallen, Marinetta stürzte zurück in den Todesstreifen und starb einige Stunden später im Kreiskrankenhaus Hennigsdorf.

Vielen Schulkindern, die zu Exkursionen zum Naturschutzturm kommen, geht diese Geschichte sehr nah. Sie hat mehr mit ihrer Alltagserfahrung zu tun als andere Fluchtversuche. Marinetta und ihre Freunde hatten ihren Ausbruch nicht lange geplant. Erst am Tag zuvor hatten die Jugendlichen beim Herumstromern die Leitern in der Nähe der Grenze entdeckt und sich spontan entschlossen, ein neues Leben anzufangen.

Von Griebnitzsee zur Glienicker Brücke
Wem gehört der Mauerweg?

Die vielen jungen Leute, die in Griebnitzsee aus der S-Bahn steigen, haben es eilig, in ihre Vorlesungen zu kommen. Sie studieren Jura, Betriebswirtschaft, Informatik oder Kirchenrecht auf dem Campus III der Potsdamer Universität, der nach dem Mauerfall auf der Südseite des Bahnhofs entstand. In meiner Studienzeit war man froh, wenn unsereiner in Griebnitzsee im Abteil sitzen bleiben durfte und der Zug bald weiterzuckelte. Der Bahnhof diente als Grenzkontrollpunkt für Transitreisende zwischen Westberlin und der Bundesrepublik. Die Züge hielten zwischen grauen Sichtblenden, nachts erhellte fahles Licht die menschenleeren Bahnsteige. Nie wäre ich auf den Gedanken gekommen, dass der Bahnhof eine hübsche Umgebung haben könnte. Abgerichtete Schäferhunde schnüffelten an den Zugachsen. Uniformierte stiegen ein und drückten ihre Stempel auf Transitvisa. Griebnitzsee war ein Ort freudloser Rituale und zähen Wartens.

Jetzt im Frühjahr flitzen Schwalben durch die Bahnhofshalle und füllen sie mit hellem Getschilp. Oben an der Hallendecke kleben Dutzende Nester. Auch eine winzige Buchhandlung hat sich in der Halle eingenistet. Eine Bahnhofswirtschaft mit Biergarten wartet auf die Studenten. Das neusachliche Empfangsgebäude aus dem Jahr 1931 stammt aus der Glanzzeit der Gegend, als die Bahnstation noch „Neubabelsberg" hieß. In der Nazizeit wurde „Babelsberg-Ufastadt" daraus, denn die Studios des größten deutschen Filmkonzerns lagen ganz in der Nähe. Im Villenvorort Babelsberg ließen sich die Stars nieder. Die „Ufastadt" verwandelte sich in der DDR in die DEFA-Studios, heute findet man an der August-Bebel-Straße eine erneut aufblühende Medienstadt für Film- und Fernsehproduktionen.

Der Griebnitzsee schimmert einem entgegen, sobald man aus dem Bahnhofsgebäude hinaustritt. Eine Treppe führt hinab zu einem Schiffsanleger, von dort könnte man zur Glienicker Brücke schippern. Auf der Mitte des langgestreckten Sees verlief die Grenze zwischen der DDR und Westberlin. Der freundliche Uferweg war bis 1990 für die DDR-Grenztruppen reserviert. Dieses Relikt der deutschen Teilung sorgt für böses Blut zwischen zwei Bürgerinitiativen. In der einen kämpfen Anlieger für eine Sperrung des Uferwegs, die Gegenfraktion sammelte 7000 Unterschriften, um ihn für jedermann offen zu halten. Die Potsdamer Stadtverwaltung unterstützt die spaziergängerfreundliche Variante. Sie legte einen Bebauungsplan für einen Parkstreifen am Ufer vor. Dagegen wiederum klagten

Anlieger vor Gericht. Sie sehen ihr Eigentumsrecht und ihre Privatsphäre verletzt. Die großen Grundstücke ihrer Villen reichten einst bis ans Wasser, erst in der DDR wurde der Uferstreifen enteignet. Einige Anlieger ließen im Oktober 2007 den Uferweg durch einen privaten Wachdienst sperren, die Stadt Potsdam erzwang jedoch vor Gericht den freien Zugang. Die abschreckenden Schilder mit der Aufschrift „Privatgrundstück. Kein öffentlicher Weg" konnte man seither als Spaziergänger und Radler getrost ignorieren. Doch im April 2009 erklärte unerwartet das Oberverwaltungsgericht Berlin-Brandenburg den Standpunkt der Anrainer für rechtmäßig, woraufhin einige sofort begannen, den Uferweg über ihre Grundstücke abzuzäunen oder durch Anpflanzungen unbegehbar zu machen. Wie der erbitterte Streit weitergeht, ist (zum Zeitpunkt der Drucklegung) nicht abzusehen. Die Potsdamer Stadtverwaltung prüft alle denkbaren Wege, eine durchgehende Begehung des Griebnitzseeufers wieder möglich zu machen – sei es nun durch den Bau von Stegen oder gar die Enteignung der renitenten Anlieger.

Einige wenige errichteten bereits vor dem juristischen Triumph neue Grenzanlagen zwischen ihren Villen und dem Uferweg: hohe Gartenmauern aus Beton, blickdichte Zäune mit Videokameras, Bewegungsmeldern und Lichtanlagen. Anderen Nachbarn reichen die alten Betonpfosten und Streckmetallzäune der DDR-Grenzsicherung aus, um ihre Privatsphäre zu schützen. Auf der Landseite des Uferwegs sind viele solcher stummen Zeugen erhalten. Die Grenzmauer aus Beton an der Seeseite ist bis auf ein winziges Stück verschwunden. Man stößt darauf, wenn man vom Schiffs-

anleger unterhalb des S-Bahnhofs Griebnitzsee dem
Uferweg etwa 600 Meter weit nach rechts (also nach
Osten) folgt. Erst 2008 wurde dieses rare Stück Grenzmauer in Potsdam unter Denkmalschutz gestellt. Vor
den sechs Betonsegmenten haben Bürger ein einfaches
Holzkreuz mit den Namen von 17 meist jungen Leuten
errichtet, die bei Fluchtversuchen in diesem Gebiet
ums Leben kamen.

Vom Schiffsanleger linker Hand (also nach Westen)
führt der frühere Patrouillenweg etwa zweieinhalb
Kilometer an dem schmalen See entlang. Das gegen-
überliegende Ufer ist bewaldet, die Aussicht von den
Villen oberhalb des Wegs muss traumhaft sein. Dort
residierten die alliierten Spitzenpolitiker, die vom 17.
Juli bis zum 2. August 1945 im nahen Schloss Cecilienhof über Deutschlands Schicksal nach der Kriegsnieder-
lage berieten. Die Potsdamer Konferenz schrieb die Auf-
teilung in Besatzungszonen fest, aus denen sich zwei
deutsche Staaten mit gegensätzlichen Gesellschafts-
systemen entwickelten: Eine Folge war der Mauerbau.

Der amerikanische Präsident Harry S. Truman wohn-
te im „Little White House", der heute von der Friedrich-
Naumann-Stiftung genutzten Villa Erlenkamp an der
Karl-Marx-Straße 2. Sollte der Zugang über den Uferweg
blockiert sein, muss man als Spaziergänger eben den
Zugang über den parallel verlaufenden Straßenzug wäh-
len. Ans Wasser heran kommt man auf alle Fälle, denn
die liberale Parteistiftung hat darauf verzichtet, einen
Zaun um die Begegnungsstätte und das parkartige
Anwesen zu ziehen. Auf der Sandsteinveranda mit See-
blick war der sowjetische Diktator Stalin bei Truman zu
Gast. Der Präsident erwog in den Tagen der Potsdamer

Konferenz den Abwurf der ersten Atombombe, deshalb heißt ein kleiner Platz an der Karl-Marx-Straße oberhalb des Anwesens seit 2005 Hiroshimaplatz.

Unzugänglich, aber vom Uferweg gut einsehbar ist die große Villa Urbig an der Virchowstraße 23, dort residierten der britische Premier Winston Churchill und nach seiner Abwahl der Nachfolger Clement Attlee. Das rötliche Haus mit seinen sehr strengen Proportionen ist ein Frühwerk des Architekten Ludwig Mies van der Rohe. In der Villa an der Karl-Marx-Straße 27 residierte Stalin, dort verbindet eine steile öffentliche Treppe die Straße mit dem Uferweg. Jetzt ist es nicht mehr weit bis zum Schloss und Park Babelsberg, der Sommerresidenz Kaiser Wilhelms I. Die Uferzone mit dem Pumpwerk an der Glienicker Lake war wegen der Grenznähe zu DDR-Zeiten gesperrt, die ganze Wasserversorgung des Parks lag still. Die schweren Schäden an Schloss und Park zu reparieren, wird noch einige Jahre dauern. Die Uferpromenaden sind längst wiederhergestellt, immer am Wasser entlang könnte man unbehelligt bis zum Potsdamer Hauptbahnhof spazieren.

Vor dem Park Babelsberg bildet die schmale Parkbrücke den einzigen Übergang ins Dorf Klein-Glienicke, früher eine winzige DDR-Exklave auf der Westberliner Seite des Griebnitzsees und der Glienicker Lake. Grenzkontrollposten auf der Brücke wiesen jeden Passanten ab, der keinen Registriervermerk im Personalausweis oder Passierschein vorweisen konnte. Rundum bewachten Soldaten die Einwohner. Dennoch gelang im Juli 1973 zwei Familien unbemerkt die Flucht. Nur mit einer Kinderschaufel und einem Spatenblatt buddelten sie aus ihrem Haus einen 19 Meter langen Tunnel in den Westen.

Von einem düsteren Ort hat sich Klein-Glienicke in ein Juwel zurückverwandelt, mit pittoresken Schweizerhäusern aus dem 19. Jahrhundert und einem knuffigen Backsteinkirchlein, umschlossen von Wasser, Wald, Schlössern und Parkanlagen, die zum Weltkulturerbe zählen. Das Jagdschloss Klein-Glienicke, auf das die Hauptstraße der Ortschaft zuläuft, und Schinkels Schloss Glienicke lagen schon in Westberlin. Ein hässlicher Riss ging hier durch das landschaftliche Gesamtkunstwerk der preußischen Schlösser und Gärten, in das die Hohenzollernfürsten die Gegend um Potsdam umschufen. Die Gärtner der Schlösserstiftung haben die verwüsteten Park- und Uferpartien im Grenzgebiet nach alten Plänen neu bepflanzt und die Wunde geheilt.

Die idyllische Strecke vom S-Bahnhof Griebnitzsee bis zu den Schlössern ist zu Fuß zu bewältigen. Von der Glienicker Brücke fahren Busse, Straßenbahnen und Ausflugsschiffe weiter zu den Bahnhöfen Potsdam und Berlin-Wannsee. Beweglicher ist man mit dem Fahrrad. Die Uferwege am Griebnitzsee und am Glienicker Park sind ein kleiner Abschnitt des 160 Kilometer langen Berliner Mauerwegs, der bis 2006 fahrradfreundlich ausgebaut wurde und einmal um das frühere Westberlin herumführt. Er ist gut ausgeschildert, mit Informationstafeln gespickt und ausführlich im Internet dokumentiert. Initiator des Mauerwegs ist der grüne Berliner Verkehrspolitiker Michael Cramer, der inzwischen auch eine Fahrradroute entlang der 1400 Kilometer langen deutsch-deutschen Grenze erarbeitet hat. Auf seinen Antrag hat das Europäische Parlament die Mitgliedsstaaten 2005 aufgefordert, einen „Iron Curtain Trail" zu schaffen: einen Radwanderweg entlang des 6800 Kilometer langen Eisernen Vorhangs, der Europa in Ost und West teilte. So macht der Mauerweg über Berlin hinaus Schule.

„Der Blick von der Glienicker Brücke wetteifert mit den schönsten Punkten der Welt", soll der weitgereiste Gelehrte Alexander von Humboldt einmal gesagt haben. Man schaut über die Havel nach Babelsberg und über den Jungfernsee nach Sacrow, während unter der Eisenbrücke Ruderer, Ausflugsschiffe und Freizeitkapitäne hindurchgleiten. Der Autoverkehr zwischen Berlin und Potsdam rollt über die Brücke, als sei es nie anders gewesen. Doch als im Sommer 1945 die Alliierten im Schloss Cecilienhof über die Zukunft der besiegten Deutschen beraten wollten, war sie so zerstört, dass sowjetische Pioniere für die aus Berlin anreisenden Teilnehmer eine Pontonbrücke aufbauen mussten. 1949 beschloss der Brandenburger Landtag, die reparierte Glienicker Brücke „als Beitrag zur Förderung der Einheit Deutschlands" unter dem Namen „Brücke der Einheit" wieder in Betrieb zu nehmen. Ein weißer Strich in der Mitte markierte die Staatsgrenze der DDR.

Die Westhälfte der Brücke gehörte politisch zum Osten, die Osthälfte politisch zum Westen. Als die DDR 1952 die Grenze um Westberlin schloss, kam auch der private Autoverkehr auf der Glienicker Brücke zum Erliegen. Zivilisten durften nur noch zu Fuß und mit Sondererlaubnis hinüberwechseln, ab Juli 1953 gar nicht mehr. Lediglich Angehörige der alliierten Streitkräfte, später auch Diplomaten und deren Familienan-

gehörige passierten die Brücke. Als „Agentenbrücke"
ist sie zum Mythos geworden. Dreimal tauschten die
Geheimdienste von Ost und West Spione hier aus. 1962
ließen die USA den KGB-Spitzenagenten Rudolf Iwano-
witsch Abel gegen einen amerikanischen Piloten frei,
der bei einem Aufklärungsflug über der Sowjetunion
abgeschossen worden war. In der DDR galt der Militär-
spion Abel als Held, das Ministerium für Staatssicherheit verschenkte Medaillen mit seinem Porträt und in
Hohenschönhausen war eine Schule nach ihm
benannt. Erst 1985 und 1986 wurden erneut Gefangene auf der Glienicker Brücke ausgetauscht, darunter
der Sowjetdissident Anatoli Schtscharanski. Er ging
nach Israel und wurde dort Handelsminister.

Ein Uferweg mit freiem Blick auf den weiten Jungfernsee verbindet die Glienicker Brücke mit Schloss
Cecilienhof. Bis 1990 war auch dieses Ufer umzäuntes
und eingemauertes Sperrgebiet, um zu verhindern,
dass Fluchtwillige hinüber nach Westberlin schwam-
men. Auf der scharf bewachten Brücke selbst gelang am
11. März 1988, früh um zwei Uhr, erstmals ein spekta-
kulärer Durchbruch. Drei Männer rasten in einem Last-
wagen auf die Brücke zu. Das Himmelfahrtskommando
fegte vier Sperren beiseite, mit geplatzten Reifen, zer-
rissenen Bremsschläuchen und vielen Beulen kam ihr
Laster in Westberlin zum Stehen. Seit dem 10. November 1989 dürfen alle Potsdamer wieder ganz ohne
Lebensgefahr den kürzesten Weg nach Berlin nehmen.

Der Name „Brücke der Einheit" wurde 1990 kas-
siert, er hatte ohnehin nur für das halbe Bauwerk
gegolten. An einem anderen deutsch-deutschen Grenzfluss jedoch, der Werra, bekam im selben Jahr eine mit-

telalterliche Steinbogenbrücke genau diesen Namen: Die Verbindung zwischen dem thüringischen Vacha und dem hessischen Philippsthal heißt seither „Brücke der Einheit".

Das erste Haus auf der Potsdamer Seite der Gliencker Brücke, die Villa Schöningen, ist gerade frisch restauriert worden. Der Schinkelschüler Ludwig Persius, einer der prägenden Potsdamer Architekten, hat das klassizistische Kleinod entworfen. Seit 1952 beherbergte es ein Kinderwochenheim, stand seit 1992 leer und drohte sogar abgerissen zu werden. 2007 kaufte es der Potsdamer Neubürger und Vorstandsvorsitzende des Springer-Konzerns Mathias Döpfner gemeinsam mit dem Bankier Leonhard H. Fischer, um darin ein privat finanziertes Museum einzurichten. Ein Haus der Erinnerung an das, was sich in den Mauerjahren an der Glienicker Brücke und im Grenzgebiet abgespielt hat, soll es werden. Zeitzeugen sind aufgerufen, Berichte, Dokumente und Fotos zur Verfügung zu stellen. Einmal mehr ist es bürgerschaftliches Engagement, das sich gegen den Gedächtnisschwund stemmt.

Auf der anderen Straßenseite empfängt die Potsdambesucher eine hohe Stele mit einer goldgleißenden Figur auf der Spitze, die himmelwärts strebt, obschon sie nur Stummelflügel besitzt. Die „Nike 89" des Bildhauers Wieland Förster wurde zum zehnten Jahrestag der Maueröffnung eingeweiht. Eine heiter triumphierende Siegesgöttin ist sie nicht. Wie ihr antikes Vorbild, die Nike von Samothrake, bleibt sie ein Torso. Ihre Versehrtheit soll uns vor Augen halten, dass Freiheit und Demokratie nie ohne Leiden, Widerstand und Opfer zu haben sind.

Adressen

• **Akademie der Künste** (S. 61)
Pariser Platz 4, 10117 Berlin,
Tel. 030 20057-0
Am S-Bhf. Unter den Linden
Passage geöffnet täglich 10–22
Uhr; www.adk.de

• **Alliiertenmuseum** (S. 50)
Clayallee 135, 14195 Berlin,
Tel. 030 8818199-0
Nähe U-Bhf. Thielplatz
Geöffnet täglich außer Mi,
10–18 Uhr
www.allliiertenmuseum.de

• **Arena Berlin/Badeschiff** (S. 115)
Eichenstraße 4, 12435 Berlin,
Tel. 030 5332030
Nähe S-Bhf. Treptower Park
www.arena-berlin.de

• **Checkpoint Bravo e. V./
Kommandantenturm der
Kontrollstelle Drewitz** (S. 11)
Albert-Einstein-Ring 45,
14532 Kleinmachnow,
Tel. 033203 24870
Geöffnet Mai bis November,
So 10–16 Uhr
www.checkpoint-bravo.de

• **Denkmal für die ermordeten
Juden Europas – Holocaust-Mahnmal, Ort der Information** (S. 57)
Cora-Berliner-Straße 1,
10117 Berlin, Tel. 030 200766-0
Nähe S-Bhf. Potsdamer Platz
Geöffnet täglich außer Mo,
10–19 Uhr
www.stiftung-denkmal.de

• **Gedenkstätte Berlin-Hohen-
schönhausen (ehemaliges Stasi-
Untersuchungsgefängnis**, S. 77)
Genslerstraße 66, 13055 Berlin,
Tel. 030 986082-30
Führungen Mo–Fr um 11 und 13
Uhr, am Wochenende stündlich
zwischen 10 und 16 Uhr
www.stiftung-hsh.de

• **Gedenkstätte Günter Litfin e. V.
(ehemaliger Wachturm am
Kieler Eck**, S. 97)
Kieler Straße 2, 10115 Berlin,
Tel. 030 23626183
Nähe U-Bhf. Schwartzkopffstraße
Geöffnet März bis Oktober,
täglich 12–17 Uhr
www.gedenkstaetteguenter
litfin.de

• **Gedenkstätte und Dokumen-
tationszentrum Berliner Mauer**
(S. 106) **und
Kapelle der Versöhnung** (S. 103)
Bernauer Straße 111,
13355 Berlin,
Tel. 030 4671030
Nähe S-Bhf. Nordbahnhof
Geöffnet täglich außer Mo,
10–17 Uhr; www.berliner-mauer-
gedenkstaette.de

• **Gedenk- und Forschungs-
stätte Normannenstraße (ehemalige Stasi-Zentrale**, S. 76)
Ruschestraße 103, Haus 1,
10365 Berlin,
Tel. 030 5536854
Nähe U-Bhf. Magdalenenstraße

Geöffnet Di–Fr 11–18 Uhr,
Sa und So 14–18 Uhr
www.stasimuseum.de
• **Grenzturm Nieder Neuen-
dorf, Ausstellung** (S. 11)
Dorfstraße, 16761 Hennigsdorf
Geöffnet Anfang April bis
Anfang Oktober, täglich außer
Mo, 10–18 Uhr
Kontakt: Stadtarchiv Hennigs-
dorf, Tel. 03302 877-311
www.hennigsdorf.de
• **Hamburger Bahnhof –
Museum für Gegenwart** (S. 99)
Invalidenstraße 50–51, 10557
Berlin, Tel. 030 39783411
Nähe Hauptbahnhof
Geöffnet täglich außer Mo,
11–18 Uhr
www.hamburgerbahnhof.de
• **Informations- und Dokumen-
tationszentrum der Bundesbe-
auftragten für die Stasi-Unter-
lagen** (Stasi-Ausstellung, S. 75)
Mauerstraße 38, 10117 Berlin,
Tel. 030 23247951
Nähe S-Bhf. Unter den Linden,
U-Bhf. Mohrenstraße
Geöffnet täglich außer So,
10–18 Uhr; www.bstu.de
• **Invalidenfriedhof** (S. 92)
Scharnhorststraße 25,
10115 Berlin
Nähe Hauptbahnhof
Geöffnet täglich ab 7 Uhr bis in
die Abendstunden
www.foerderverein-invaliden
friedhof.de

• **Marienfelde, Erinnerungs-
stätte Notaufnahmelager** (S. 19)
Marienfelder Allee 66–80,
12277 Berlin,
Tel. 030 75008400
Nähe S-Bhf. Marienfelde
Geöffnet täglich
außer Mo, 10–18 Uhr
www.notaufnahmelager-
berlin.de
• **Mauer-Mahnmal im Marie-
Elisabeth-Lüders-Haus des
Deutschen Bundestages** (S. 45)
Schiffbauerdamm, 10117 Berlin
Geöffnet Fr–So 11–17 Uhr
www.kunst-im-bundestag.de
• **Mauermuseum – Haus am
Checkpoint Charlie** (S. 48)
Friedrichstr. 43–45,
10969 Berlin,
Tel. 030 53725-0
Am U-Bhf. Kochstraße
Geöffnet täglich 9–22 Uhr
www.mauermuseum.de
• **Museum The Kennedys** (S. 69)
Pariser Platz 4a, 10117 Berlin,
Tel. 030 20653570
Am S-Bhf. Unter den Linden
Geöffnet täglich 10–18 Uhr
www.thekennedys.de
• **Parlament der Bäume** (S. 42)
Schiffbauerdamm 35–37,
10117 Berlin; www.benwagin.de
• **Villa Schöningen** (S. 136)
Berliner Straße 86,
14467 Potsdam,
Tel. 0173 6249677
www.villa-schoeningen.de

• **Wachturm Bergfelde/Natur-schutzturm der Deutschen Waldjugend** (S. 125)
Nähe Gewerbestraße,
16540 Hohen Neuendorf,
Tel. 03303 509844
Geöffnet jeden Freitagnach-mittag und nach Vereinbarung
www.naturschutzturm.de

• **Wachturm Schlesischer Busch/Kunstfabrik am Flutgraben e. V.** (S. 119)
Am Flutgraben 3, 12435 Berlin,
Tel. 030 53013280
Nähe S-Bhf. Treptower Park
Geöffnet Mai bis Oktober,
Di–Sa 11–19 Uhr
www.kunstfabrik.org

Zum Weiterlesen

Michael Cramer: Berliner Mauer-Radweg, 4. Aufl., Rodingersweg 2007
Andreas W. Daum: Kennedy in Berlin, Paderborn 2003
Laurenz Demps u. a.: Invaliden-friedhof. Ein Friedhofsfüh-rer, 2. Aufl., Berlin 2007
Deutsches Nationalkomitee für Denkmalschutz: Die Berliner Mauer – Vom Sperrwall zum Denkmal, Bonn 2009
Bettina Effner/Helge Heide-meier: Flucht im geteilten Deutschland. Erinnerungs-stätte Notaufnahmelager Marienfelde, Berlin 2006
Jenny Erpenbeck: Wo die Welt zuende war. In: Caroline Roeder (Hg.): Berliner Kind-heit im 20. Jahrhundert, Berlin 2006
Polly Eversham/Leo Schmidt: Die Berliner Mauer heute, Berlin 1999
Ralf Gründer: Berliner Mauer-kunst, Weimar und Wien 2007
Peter Hacks: Das Vaterland. In: Diesem Vaterland nicht meine Knochen, Berlin 2008
Hans-Hermann Hertle: Die Berli-ner Mauer, Bonn 2007
Axel Klausmeier/Leo Schmidt: Mauerreste – Mauerspuren, Berlin und Bonn 2004
Heinz Knobloch: Wanderung zu Fontanes Grab. In: Ders., Ber-liner Grabsteine, Berlin 1988
Jürgen Litfin: Tod durch fremde Hand, Husum 2006
Thomas Scholze/Falk Blask: Halt! Grenzgebiet. Leben im Schatten der Mauer, 3. Aufl., Berlin 2006
Bettina Wegner: Magdalena. In: Wenn meine Lieder nicht mehr stimmen, Reinbek 1979

www.berlin.de/mauer
www.chronik-der-mauer.de

Stadtführungen, Fahrradtouren, Gruppenreisen

Stadtführungen entlang der Mauer bot StattReisen Berlin bereits vor dem Jahr 1989 an, allerdings blieben die „Grenzgänge" zunächst auf Westberliner Gebiet beschränkt. Das änderte sich nach dem Mauerfall. Neue Kollegen mit Ostbiografie erweiterten die Perspektive des Vereins, den Historiker und Pädagogen 1983 ins Leben gerufen hatten, um vor Ort ein kritisches und differenziertes Verständnis der Stadt zu fördern. Auch der Autor dieses Buches ist durch diese Schule gegangen, ehe er sich hauptberuflich dem Schreiben zuwandte.

Heute hat StattReisen allein zum Thema Berliner Mauer mehrere Stadterkundungen für Berliner, Individualreisende und Gruppen im Angebot. Beim Klassiker „Grenzgänge" werden historische Tondokumente an Originalschauplätzen eingespielt. Es gibt einen literarischen Rundgang zur „Poesie von Ostwestberlin", Kinder- und Zeitzeugenführungen, Stadtrallyes und Fahrradtouren. Gruppen umrunden unter kundiger Leitung in vier Tagen das ehemalige Westberlin einmal mit dem Fahrrad.

Daneben bietet StattReisen seit 1990 zahlreiche grenzübergreifende Stadtführungen in Berlin an, darunter ein breites Repertoire an literarischen Stadterkundungen. Mehrtägige Gruppenreisen nach Osteuropa führen noch weiter hinter den ehemaligen Eisernen Vorhang – unter anderem bis nach Krakau, Warschau, Lemberg und Odessa.

Informationen: StattReisen Berlin, Malplaquetstraße 5, 13347 Berlin, Telefon 030 4553028, Fax 030 45800003 und www.stattreisenberlin.de

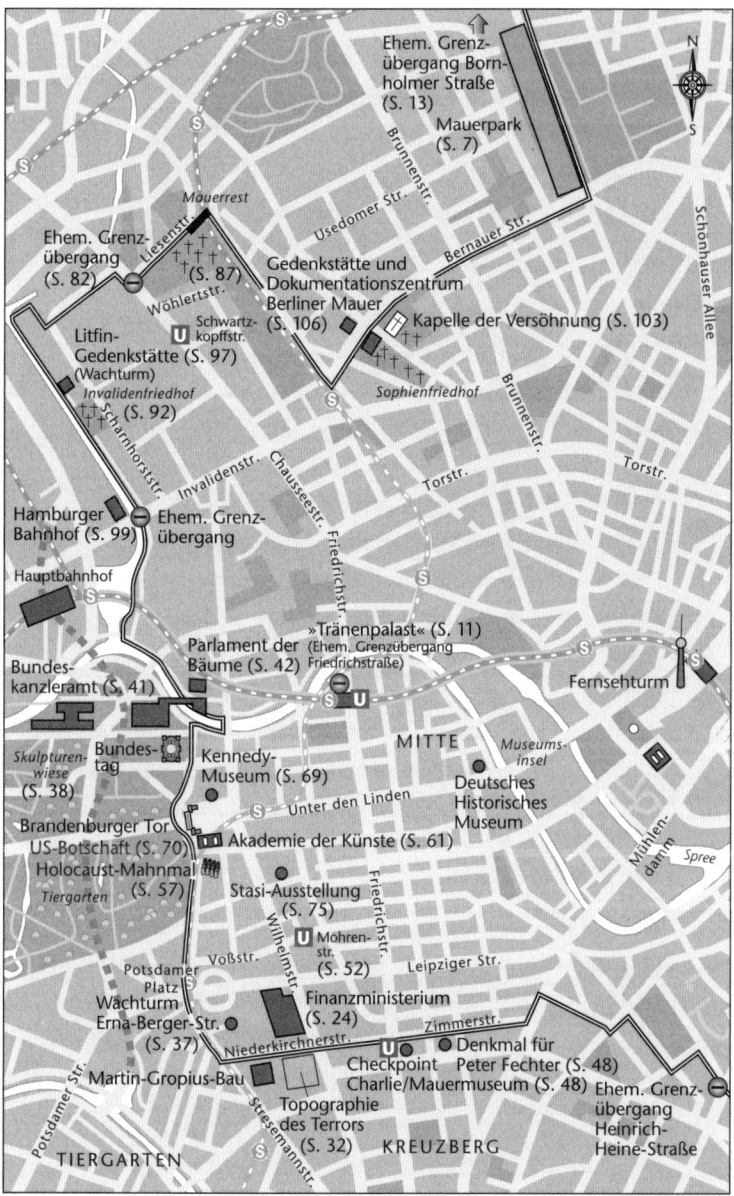

Ehem. Grenz-
übergang Born-
holmer Straße
(S. 13)

Mauerpark
(S. 7)

N
S

Mauerrest

Ehem. Grenz-
übergang
(S. 82)

(S. 87)

Gedenkstätte und
Dokumentationszentrum
Berliner Mauer
(S. 106)

Kapelle der Versöhnung (S. 103)

Litfin-
Gedenkstätte (S. 97)
(Wachturm)

Invalidenfriedhof
(S. 92)

Sophienfriedhof

Torstr.

Torstr.

Hamburger
Bahnhof (S. 99)

Ehem. Grenz-
übergang

Hauptbahnhof

»Tränenpalast« (S. 11)
(Ehem. Grenzübergang
Friedrichstraße)

Parlament der
Bäume (S. 42)

Fernsehturm

Bundes-
kanzleramt (S. 41)

MITTE

Museums-
insel

Skulpturen-
wiese
(S. 38)

Bundes-
tag

Kennedy-
Museum (S. 69)

Deutsches
Historisches
Museum

Brandenburger Tor
US-Botschaft (S. 70)
Holocaust-Mahnmal
(S. 57)

Akademie der Künste (S. 61)

Unter den Linden

Spree

Tiergarten

Stasi-Ausstellung
(S. 75)

Mohren-
str.
(S. 52)

Leipziger Str.

Potsdamer
Platz

Wachturm
Erna-Berger-Str.
(S. 37)

Voßstr.

Finanzministerium
(S. 24)

Niederkirchnerstr.

Zimmerstr.

Martin-Gropius-Bau

Checkpoint
Charlie/Mauermuseum (S. 48)

Denkmal für
Peter Fechter (S. 48)

Ehem. Grenz-
übergang
Heinrich-
Heine-Straße

Topographie
des Terrors
(S. 32)

TIERGARTEN

KREUZBERG

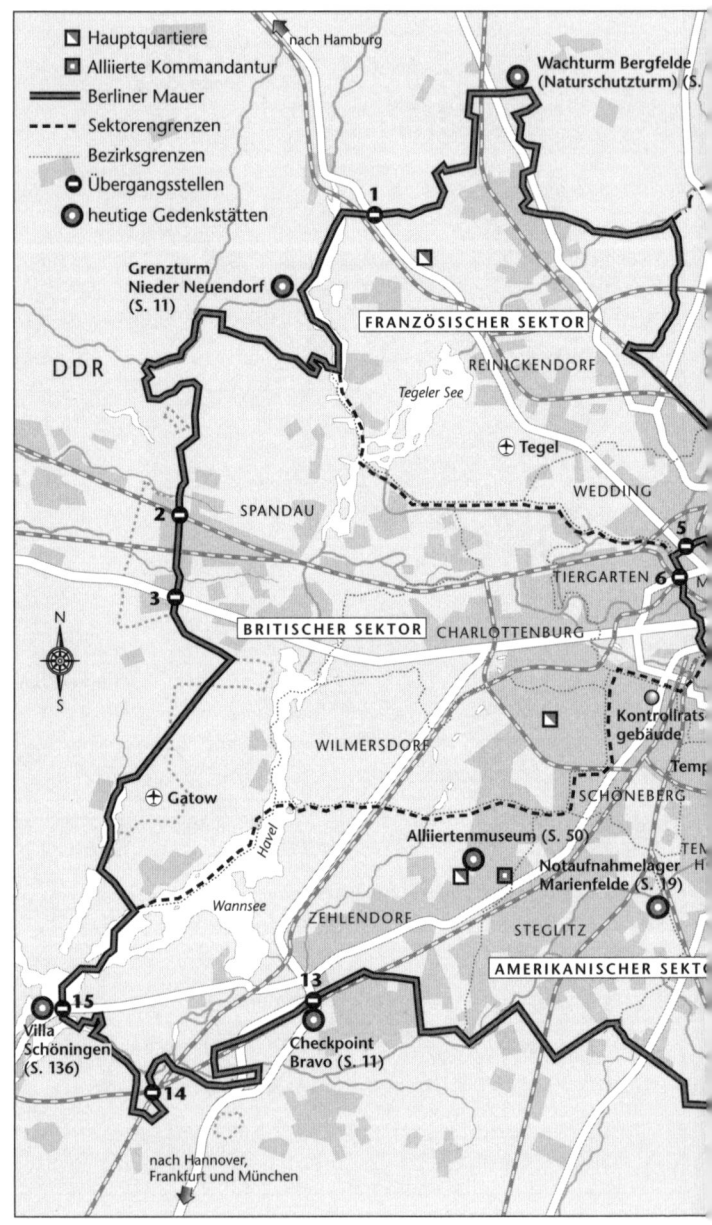

Hauptquartiere
Alliierte Kommandantur
Berliner Mauer
Sektorengrenzen
Bezirksgrenzen
Übergangsstellen
heutige Gedenkstätten

nach Hamburg

Wachturm Bergfelde
(Naturschutzturm) (S.

1

Grenzturm
Nieder Neuendorf
(S. 11)

FRANZÖSISCHER SEKTOR

DDR

REINICKENDORF

Tegeler See

⊕ Tegel

WEDDING

2   SPANDAU

5

3

TIERGARTEN 6   M

BRITISCHER SEKTOR   CHARLOTTENBURG

N

S

Kontrollrats
gebäude

WILMERSDORF

Temp

⊕ Gatow

SCHÖNEBERG

Alliiertenmuseum (S. 50)

TEN
H

Notaufnahmelager
Marienfelde (S. 19)

Havel

Wannsee   ZEHLENDORF

STEGLITZ

AMERIKANISCHER SEKT

13

15

Villa
Schöningen
(S. 136)

Checkpoint
Bravo (S. 11)

14

nach Hannover,
Frankfurt und München

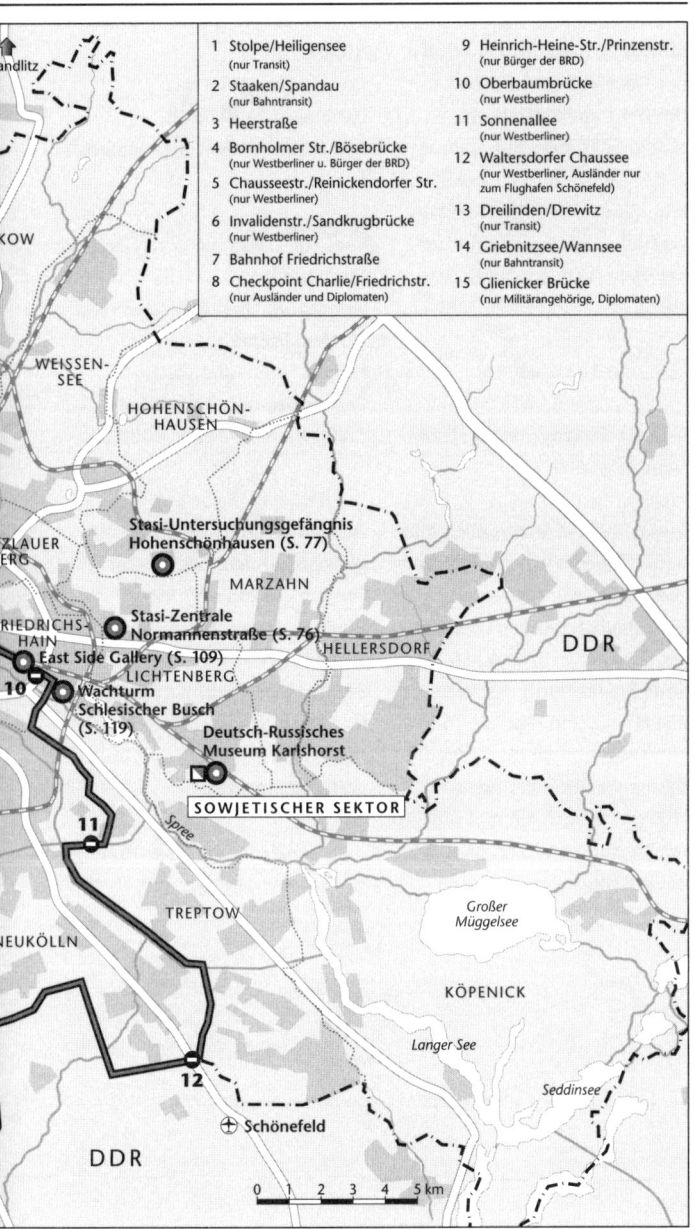

1   Stolpe/Heiligensee
(nur Transit)

2   Staaken/Spandau
(nur Bahntransit)

3   Heerstraße

4   Bornholmer Str./Bösebrücke
(nur Westberliner u. Bürger der BRD)

5   Chausseestr./Reinickendorfer Str.
(nur Westberliner)

6   Invalidenstr./Sandkrugbrücke
(nur Westberliner)

7   Bahnhof Friedrichstraße

8   Checkpoint Charlie/Friedrichstr.
(nur Ausländer und Diplomaten)

9   Heinrich-Heine-Str./Prinzenstr.
(nur Bürger der BRD)

10   Oberbaumbrücke
(nur Westberliner)

11   Sonnenallee
(nur Westberliner)

12   Waltersdorfer Chaussee
(nur Westberliner, Ausländer nur zum Flughafen Schönefeld)

13   Dreilinden/Drewitz
(nur Transit)

14   Griebnitzsee/Wannsee
(nur Bahntransit)

15   Glienicker Brücke
(nur Militärangehörige, Diplomaten)

Impressum

**Bibliografische Information
der Deutschen Bibliothek**
Die Deutsche Bibliothek
verzeichnet diese Publikation
in der Deutschen National-
bibliografie; detaillierte bibliografische Daten sind im Internet über <http://dnb.ddb.de>
abrufbar.

ISBN 978-3-8319-0365-8

© Ellert & Richter Verlag GmbH,
Hamburg 2009

Bildnachweis
Das Titelfoto zeigt das
Parlament der Bäume.
Alle Bilder von Michael Bienert,
Berlin

Redaktion: Simone Winkens,
Hamburg
Gestaltung: Büro Brückner +
Partner, Bremen
Karten: Peter Palm, Berlin
Gesamtherstellung: Offizin
Andersen Nexö Leipzig GmbH

Der Autor dankt Peter Boeger,
Elke Linda Buchholz, Martin
Düspohl, Bettina Effner,
Wieland Giebel, Ralph Hoppe,
Susan Kirch, Rainer Klemke,
Svenja Moor, Matthias Oehme,
Jörg Plath, Veronica Reisen-
egger, Hildegard Rugenstein
und Jörg Zintgraf.